Gewidmet den drei Weisen
für viel Unterstützung und Geduld.

-1- Die Wahrheit über Wacken
Nach einer Idee von Jan Oidium
Oidium Verlags GmbH
Originalausgabe
2. Auflage
Januar 2005
ISBN: 3-9809697-5-4
Autor: Till Burgwächter
Bildautor und Projektleitung: Jan Oidium

Inhalt

Vorwort des Autors

Liebe Gemeinde,
es ist an der Zeit, ein Festival zu feiern, wie es so gebaut in Deutschland nirgendwo ein zweites gibt. Hier ist es zu Haus. Aus dem norddeutschen Dorf, das als erstes nur nach dem Reinheitsgebot des Heavy Metal lärmte und noch bis heute lärmt. Wacken.
Das Wacken Open Air (kurz: W:O:A) ist zweifellos das FC Bayern München unter den Festivals. Der einzig noch verbliebene Ostklub Hansa Forcestock setzt mit voller Kraft auf stilistisch-taktischen Mischmasch und hat mit seiner zum Teil zweifelhaften Anhängerschaft zu kämpfen. Der VfB Stutthead hält mit schwäbischer Betonköpfigkeit an seiner Ein-Bühnen-Taktik fest, was vielleicht noch für den UI-Cup reicht, zu mehr aber auch nicht. Tja, und was kann man noch über die Borussia aus Dorthard sagen, die ihre Heimspiele ausgerechnet in Gelsenkirchen austrägt? Nun, wer nichts weiter zu tun hat, als permanent die eigene Finanzmisere zu bejammern, sollte vielleicht mal über einen Gesundschr umpfungsprozess in der Regionalliga nachdenken. Ein harter Gang, aber wer rocken will, muss Gitarre spielen lernen. Und vielleicht endlich mal Lars Ricken verhökern.
Ganz anders dagegen unsere Bayern von der Waterkant. Jahr für Jahr gewinnen sie die Meisterschaft im Running Order-Umstellen, halten auch im internationalen Wettbewerb die deutschen Farben hoch und schicken mehr Talente um 11 Uhr auf die Bretter, als alle anderen Vereine zusammen. Was haben wir Holger „Uli Hoeneß“ Hübner, Thomas „Karl-Heinz Rummenigge“ Jensen und Sheree „Frau Beckenbauer“ Hesse nicht alles zu verdanken? Matsch im Überfluss, Hörstürze von nie gekannter Intensität und jedes Jahr die gleichen Bands auf vier verschiedenen Bühnen. Das alles findet sich in diesem Buch wieder. Dazu liefert dieses Kleinod der Druckkunst noch wichtige Erkenntnisse zum Themenkomplex Dixis, Bier und Urin. Es untersucht die Herkunft solch mysteriöser Sagengestalten wie Onkel Tom und Helga, blickt nostalgisch verklärt ins Jahr 1997 zurück, beleuchtet den Backstage-Bereich näher, komponiert gar sechs eigene Wacken-Hymnen und stellt ein für allemal fest: Das hier ist kein Kindergeburtstag!

Wie bei so vielen guten Dingen, die aus dem Süden kommen (Stoiber, Strauß-Sippe, Papst, Metal Hammer etc.), so kann sich kein Fan dem spröden Charme des Heavy Metal-Disneylands Wacken Open Air entziehen. Und sei es nur, um auf den Kommerz zu schimpfen und sich darin bestätigt zu sehen, dass früher alles besser war. Die Drohung, im nächsten Jahr definitiv nicht mehr dabei zu sein, ist inklusive. Die Bild-Zeitung kauft ja auch keiner, aber alle wissen, was drin steht. So definiert man Marktführer. Und jetzt alle: Wa-cken-O-pen-Ähäair, Forever Number One …

Es grüßt
Till „Coach“ Burgwächter

Mein erstes Wacken 1997

Mein erstes Wacken 1997
Von Till Burgwächter (22 Jahre), Klasse 7b, Freie Waldorfschule Kiskenbrück, 99900 Michaelsdorf-Hintergeistingen
Verwendete Sekundärliteratur: Der Spießer – Eine Charakteristik und weitere wirre Gedankenfetzen von Prof. Dr. med. dent. psych. M. Kiske
Wissenschaftliches Register: www.geisteskind.de (Vorsicht! Auf eigene Gefahr!)

Als uns unsere liebe Frau Lehrerin Lorenz (Deutsch, Erdkunde, Gartenbau, Teetrinken) den Vorschlag machte, einen Aufsatz über unser spannendstes Ferienerlebnis zu schreiben, war ich erstmal irritiert. Normalerweise basteln wir im Deutschunterricht nämlich nur Weihnachtssterne oder beobachten die vorbeiziehenden Wolken (je nach Jahreszeit). Dann aber erfasste auch mich eine Welle der Mitteilungsbedürftigkeit, so dass der nun vorliegende Bericht zustande kam, der maßgeblich durch meine Vorschulzeit im Höllenkindergarten geprägt ist. Ich wünsche meiner lieben Frau Lehrerin Lorenz viel Spaß beim Lesen und Nicht-Benoten, wie das an Waldorfschulen, Steiner sei dank, so üblich ist.

Es war ein heißer Sommer im Jahr 1997, und wir beschlossen, zum Wacken Open Air zu fahren. Heute weiß ich natürlich, dass Rockmusik krank macht, vor allem im Kopf. Schließlich ist der Heavy Metal allgemein eine Musikrichtung des Antichristen (neben Soul, HipHop und dem Krabbelstubenhit „Ich bin Schnappi, das kleine Krokodil"), weil er gegen die Kunst ist. Vom menschlichen Standpunkt aus betrachtet. Irgendwie. Auch die Tatsache, dass die Fans dieses Genres allesamt Spießer sind, eine „Gardinenstangenmentalität" aufweisen und alles, was sie nicht kennen, verlästern (Dieses Wort habe ich mir übrigens selber ausgedacht!) und verachten, war mir damals nicht bewusst.
Leider kann ich nicht mehr exakt memorieren, wer von meinen Freunden auf die Idee kam, ausgerechnet zum Wacken Open Air zu fahren, auf jeden Fall haben wir es gemacht. Obwohl es ein langer Weg war, was ich jetzt zweideutig meine. Fast hätte es gar nicht geklappt, denn ich war mit meinem Freund Marcel, der den Wagen Richtung Schleswig-

Holstein lenken sollte, am Vorabend des 8. August 1997 in eine Weinstube eingekehrt. In unserem jugendlichen Leichtsinn – noch fern von der heutigen Spiritualität – verkosteten wir querbeet Weiß-, Rot- und Roséwein. Im Wein ruht der Geist der Wahrheit, immerhin. Außerdem hält der Göttertrank das Hirn fit. Schließlich muss man sich merken, dass ein Weißherbst zu 100 Prozent aus roten Trauben, ein Rotling hingegen zu einem großen Teil aus weißen Trauben hergestellt wird.
Aber irgendwie wollte der Geist bei Marcel relativ schnell wieder raus. Beim Aufstehen riss der gute Freund einen Tisch samt Gedeck mit sich, und den Rest des Abends verbrachte er auf verschiedenen Toiletten. Am Freitagmorgen war dann Treffen bei mir – damals gab es noch keine „Night To Remember" und Hübner/Jensen verbreiteten in jedem Interview, dass sie auf keinen Fall ein Drei-Tages-Festival veranstalten werden; was für verlogene Menschen – und alle waren da. Alle, bis auf Marcel. Der, so konnten wir telefonisch eruieren, hatte es immer noch böse mit dem Magen, weshalb er sich das Wochenende doch lieber von der Couch aus begucken wollte.
Nicht mit uns! Der feine Freund wurde persönlich aufgesucht, in seinen eigenen Wagen geschmissen, das Zelt hinterdrein und ab dafür. Mir wurde die Aufgabe zuteil, das Gefährt zu steuern, was ich auch tat. Der Weg sollte uns über die Bundesstraße 4 gen Hamburg führen, die war aber leider gesperrt. Wahrscheinlich hat sich irgendeine unmoralische Krämerseele mit seiner Bonzenkarre in die Leitplanke gebohrt, beim Versuch, einen spirituell lebenden Freigeist zu überholen. Wie auch immer, wir tuckelten über Straßen, die in keiner Karte verzeichnet sind, kamen vor Wacken in den obligatorischen Stau und erreichten erst gegen 15 Uhr den uns zugewiesenen Zeltplatz.
Dann begann das eigentliche Drama: Ich hatte schon damals eine ausgesprochene Spießerphobie und im Rahmen dieser wollte ich auf keinen Fall das Zelt aufbauen, sondern endlich ein paar Bands sehen. Marcel, ein eingeschworener Pfadfinder (katholisch), hatte da einen anderen Standpunkt. Seiner Auffassung nach musste das Lager beizeiten aufgeschlagen werden, worin ihn zwei namentlich nicht zu nennende Begleiter unterstützten. Mein Freigeistkollege Markus und ich tranken erstmal ein Bier (warm), um die auf uns einprasselnden Schmähungen ertragen zu können. „Subjektive Kritiken sind so überflüssig wie ein

viertes Bein“ warf ich dann, mir meiner intellektuellen Überlegenheit bewusst, in die Runde. „Du musst das Ganze sehen.“ „Ich zeig dir gleich meine ganze Faust“, antwortete Marcel unter der Plane hervor und bewies mir so schon damals seinen Hang zum Proletarischen.
Irgendwann stand der Palast dann aber, weshalb wir uns endlich auf den Weg machen konnten, etwas Kunst (so meine damalige Auffassung) schnuppern zu dürfen.
Oh weh, wie wird mir, wenn ich an den Moment denke, an dem wir durch den Haupteingang schritten und auf die Mainstage (ohne angeschlossene Zweitbühne) zukamen. Heroen des Untergrunds wie *Undish* oder *Don Bosco* hatten wir bereits verpasst, aber direkt vor uns schälte sich etwas Böses aus dem künstlichen Nebel. Ja, kein Zweifel, es waren *Dissection*, die dort auf der Bühne herumlärmten. Hätte ich damals gewusst, dass die Eierfeile da auf der Bühne demnächst bei einem Mord assistiert, ich hätte ihn in einen moralisch-spirituellen Disput verwickelt. So war es aber nur angenehmer Krach, der da herüberwehte. Dass ausgerechnet dieser Auftritt später zum Kult erhoben wurde und gar auf CD erschien, prangere ich hiermit an, wobei ich besonders der zuständigen Plattenfirma Primitivität und Arschlöchrigkeit (Wieder so ein Wort von mir!) vorwerfe, da sie den allgemeinen Kunst-Geist mit Füssen tritt. Wobei ich mir jetzt nicht ganz sicher bin, ob ich nicht doch Füße meine, weil die Stadt Füssen in Bayern ja schlecht nach irgendwem treten kann.
Auch egal, *Virgin Steele* standen als nächste auf dem Programm, genauer auf den Brettern der Party Stage, die dereinst noch von einem Zelt umgeben war. Ja, das traf meinen damaligen Geschmack. Schön Schwerter, Drachen und Zauberer und so. Heute weiß ich, dass z.B. Schiller oder Goethe oder Steiner deshalb nie über solche Sachen geschrieben haben, weil es nämlich gar nicht Kunst ist, sondern Spießerkram. Zack, und weg damit.
Deutlich tiefer gehend war da schon das Moralisierungskommando von *Saviour Machine*. Der Sänger von denen war ganz weiß angemalt und hat dauernd Israelflaggen in Kunstblut getaucht. Hab ich zwar nicht verstanden, war aber irgendwie aufwühlend und muss somit mehr sein, als nur ein weiteres Produkt auf dem Markt. Toll.
Für *Samael* (Mainstage) gilt das Gleiche, die waren damals wie heute voll spirituell, für sie ist die Kunst nicht die Hure der Industrie. Bei der

Kackmucke wäre ich trotzdem fast eingepennt.
Therion (Party Stage) bemühten sich dann auch redlich, aber wenn 90 Prozent der Darbietung vom Band kommen, darf man sich als kritischer Mensch schon mal fragen, ob das denkende Individuum hier hinters Licht geführt werden soll. Für grobe Heavy Metal-Köpfe mag das ausreichen, für mich reichte es schon damals nicht. Gottlob machten technische Probleme dem faulen Zauber ein rasches Ende.
Rage (Mainstage) waren dann schon wieder näher dran, mit echtem Orchester, super Stimmung und vielen Zugaben. Allerdings hatte ich bereis 1997 meine Probleme, Peavy als Künstler anzuerkennen. Peavy klingt irgendwie nach Primitiv. Außerdem ist der Vogel dermaßen autoritär, dass sich das nicht mit meinem Begriff von Freiheit deckt. Obwohl er sich ja dauernd die Freiheit rausnimmt, seine Begleiter zu feuern. Hm, müsste ich direkt noch mal 'nen Schlag drüber meditieren.

Auf dem Weg zurück zum Zeltplatz schauten wir noch mal bei der Party Stage vorbei, weil da *Love Gun* spielten. Angeblich die beste *Kiss*-Coverband der Welt. Pah, geschminkte Männer (plus Lars Ratz) in unmoralisch freizügigen Lederklamotten. Außerdem trällerten die ja nur den Mist einer anderen, materialistisch höchstverseuchten Band nach. So weit kommt es noch, da kann ich mir als deutscher Christ ja gleich von Marilyn Manson den Nietzsche erklären lassen. Alles voll Antichristen, eine schöne Scheißwelt haben wir. Das wurde mir erst so richtig bewusst, als wir den Zeltplatz erreichten. Marcel und die anderen beiden Namenlosen verzogen sich gleich in die Behausung, in der im Übrigen auch noch zwei afrikanische Elefanten Platz gefunden hätten.
Markus und ich hingegen wollten uns noch ein wenig der Dunkelheit hingeben, vielleicht eine Eule auf ihrem nächtlichen Beutezug beobachten oder einfach nur in die Stille hineinhorchen. Aber natürlich gab es keine Eulen und Stille schon mal gar nicht. Um uns herum tobte das Spießervolk, diese seelisch toten Heavy Metal-Fans. Sie grölten und soffen und krakeelten, an Entspannung war gar nicht zu denken. Irgendwann beschlossen Markus und ich uns ins Auto zu verkrümeln, um mal ein paar gehaltvolle Sätze zum Thema „Intolerante, erzreaktionäre Fanatiker und ihre sichere Unterbringung in geschlossenen Einrichtungen" zu wechseln. Wir leerten diverse Flaschen Fanta (Zitrone)

und wären gegen 4 Uhr morgens beinahe über unserem eigenen Intellekt eingeschlafen, als uns ein menschenfeindliches Gewummer schlagartig in die gewöhnliche Welt zurückholte. „Kawumm", machte es und nachdem ich das Schiebedach geöffnet und meinen Kopf hinausgestreckt hatte, war die Sache klar. Zwei Seelentote (nicht zu verwechseln mit Untoten) saßen in ihrem (?) roten Polo. Soweit nicht ungewöhnlich, wir hockten ja auch in einem weißen Exemplar derselben Baureihe. Aber diese Herren hatten die Tür der Fahrerseite geöffnet und hielten auf einen Baumstamm zu. Wieder machte es „Kawumm", die Tür bog sich in den Scharnieren, fiel aber nicht heraus. Kurz den Rückwärtsgang eingelegt und das gleiche Spiel von vorn. Irgendwann hing das Blechteil nur noch am seidenen Faden, was die beiden gottlosen Rocker zum Anlass nahmen, aus dem Wagen zu steigen und das wehrlose Fortbewegungsmittel mit Tritten zu traktieren.

„Soweit sind wir schon in Deutschland", sagte ich zu meinem Freund Markus, der aber zu bedenken gab, dass es sich bei dem Gefährt um einen Volkswagen handele und der Akt der Zerstörung vielleicht ein antifaschistisches Statement sei. Nieder mit dem Volkswagen, runter mit dem Hakenkreuz, oder ähnlich. „Ach so, sollen wir unseren dann auch kaputtmachen?", meinte ich zu Markus, in der Angst, plötzlich ein Nazi zu sein, weil ich tatenlos in einem VW Polo saß. Auf der anderen Seite konnte und kann ICH persönlich gar nichts für den Holocaust, denn zu dieser Zeit umkreiste ich vorgeburtlich als schlechter Scherz den Erdball.

Mein weiser Freund warf schließlich zu Recht ein, dass wir vorher Marcel wenigstens um Erlaubnis fragen sollten, bevor wir sein Auto zerdeppern. Lange konnte ich mir über die knifflige Fragen-Konstellation auch keine Gedanken machen, denn von links wehte plötzlich Brandgeruch herüber. Ein Haufen skrupelloser Satansidioten (vielleicht waren auch ein paar Teufels-Metaller mit ihren weichen Bierwabbelbäuchen dabei) hatte bereits am Nachmittag einen hölzernen Hochsitz errichtet und war nun – immerhin kurz vor halb fünf in der Früh – der Meinung, das Ding anzünden zu müssen. Auf der obersten Plattform, ich schaute genau, war keine Hexe festgezurrt, was diese Aktion ja immerhin noch erklärt hätte, stattdessen johlten die geblendeten Männer und Weiber im Feuerschein und tranken Alkohol. Ich glaube, sie führten sogar einen Veitstanz auf,

kann aber auch sein, dass ich mir das jetzt einbilde. Ist ja schon ein paar Jahre her.
Zum Schlafen war es nun auf jeden Fall zu spät, weshalb Markus und ich uns noch ein wenig gegenseitig vollklugscheißerten, um dann, es mag sieben Uhr gewesen sein, ins Dorf zu spazieren. Dort gab es geweihte Mettbrötchen vom Schlachter gegenüber der Kirche, was unsere Lebensgeister aufs Neue erweckte.

Der neue Tag, mithin der 9. August 1997, begann sonnig. Um nicht zu sagen heiß. Marcel und die beiden Namenlosen quälten sich aus ihrer Kunststoffpelle und gähnten in die Sonne. Markus und ich, von unserem Bummel durchs Dorf längst wieder heimgekehrt, mahnten zur Eile, denn *Scanner* buhlten auf der Mainstage um unsere Aufmerksamkeit. Was im direkten Anschluss daran passierte, weiß ich nicht mehr so genau, ich traf wohl ein paar entfernt Bekannte und hielt Smalltalk. Für einen in jeder Beziehung tiefgeistigen Menschen wie mich natürlich eine Qual, aber ich muss den anderen ihre Unvollkommenheit auch nicht dauernd unter die Nase reiben.
Im Hintergrund könnte Udo von *U.D.O.* ein paar *Accept*-Klassiker heruntergekräht haben und *Zed Yago* (ohne diesen hysterischen Mann namens Jutta am Mikro) sollen wohl ebenfalls ihren geistig-moralisch kraftlosen Sermon heruntergebetet haben, sicher bin ich mir da aber nicht mehr.
Zu *Overkill* stand ich jedenfalls wieder vor der Bühne, und obwohl der Bandname dieser Amis ja schon etwas Martialisches hat, war ich recht angetan. Warum der Sänger zum Schluss ins Publikum hüpfte, kann ich mir jedoch bis heute nicht erklären. Vielleicht eine Art von Ausdruckstanz für die christliche Nächstenliebe unter all den erzkunstfeindlichen Evil-Metallern?
Unwichtig, denn als nächster Programmpunkt wartete eine Premiere auf uns. *HammerFall* spielten erstmals ein großes Konzert außerhalb ihrer Heimat Schweden. Uiih, war das wohl spannend. Die Herren zitterten wie Eichenlaub (oder waren es Espen?), auf jeden Fall klopfte ihnen der Stift ordentlich ans Zäpfchen. Ungefähr sieben Tage vor Wacken war ich mit dem Debüt der fünf Herren in Berührung gekommen und doch begeistert. „Aus denen wird mal was“, schrie ich Markus damals ins Ohr

und überlegte ernsthaft, ob ich auf Prophet umsatteln sollte. Hab ich dann ja auch gemacht und es nie bereut.
Die anschließenden *Grave Digger* und *Motörhead* haben wir uns wohl ebenfalls angeguckt, allerdings kann ich davon nichts mehr berichten. Seit 1997 habe ich beide Bands ungefähr fünf Mal gesehen und jeder, der sich mit der Materie ein bisschen auskennt, wird zustimmen, dass man schon nach zwei Gigs dieser wenig beweglichen Kunstimitatoren Probleme hat, das Wann, Wie und Wo zuzuordnen. War wahrscheinlich so wie immer. Deshalb vertrieb ich mir die Zeit nebenbei mit dem Jagen von Promis, allerdings lief mir nur Oscar Dronjak von *HammerFall* vor die Flinte. Mit dem ließ ich mich auch gleich fotografieren, das Foto hängt bis heute als zweifache Mahnung in meinem Arbeitszimmer. Erstens erinnert es mich daran, immer genügend zu essen im Haus zu haben und zweitens, wie abscheulich es ist, sich als willenloser Anhänger einer lästerlichen Musikrichtung zu outen. Pfui Deibel, war ich damals seltsam drauf.
Apropos seltsam, der Kollege Markus und ich hatten ein kleines Schlafdefizit und einen ordentlichen Sonnenstich, weshalb wir doch so weit waren, die Heimreise anzutreten. Da hatte unser Quertreiber Marcel aber was gegen, denn er wollte noch unbedingt diese „tolle, neue Band da" abwarten. Dabei handelte es sich – ich traue es mich kaum zu schreiben – um die gottlosen Nutten von *Rockbitch*. Doch all unsere vernünftigen Argumente, unsere Drohungen und Bitten halfen nichts. Der Mann hatte den Autoschlüssel und der Mann wollte *Rockbitch* gucken. Also standen wir uns auf dem mittlerweile arschkalten Acker die (Entschuldigung) Eier blau, bis die Hupfdohlen endlich auftauchten. Was dann folgte, war eine Bankrotterklärung des Abendlandes und selbst fürs Lustzentrum nur marginal erbauend. Kreischtrullas, die sich gegenseitig in den ausgeleierten Schritt fassen, sich ins Gesicht pullern und einen per goldenem Kondom ausgewählten, gerade mal volljährigen Zuschauer auf die Bühne zerren, um ihn angeblich zu befriedigen.
Dass die wirkliche Befriedigung ausschließlich über den Geist möglich ist, hat von denen sicher noch keiner gehört. Sei's drum, Marcel hatte bekommen, was er verdiente (nach katholischer Rechnung folgen im Anschluss an das Ableben noch mindestens 1000 Jahre Fegefeuer), und wir konnten endlich nach Hause.

Oder vielleicht doch nicht? Nun, Marcel – wahrscheinlich der einzige Mensch, der auf dem Wacken-Zeltplatz jemals acht Stunden am Stück geschlafen hat – fühlte sich plötzlich ermattet. Eingedenk dieses Zustandes schlug der Mann doch tatsächlich vor, dass fix und fertig eingepackte Zelt wieder aus dem Auto zu holen und es am Straßenrand aufzubauen. Am Straßenrand in Wacken, wohlgemerkt. Und auch wenn damals nicht halb so viele Fans in den Ort pilgerten wie heute, so viel anders sah es nicht aus. Der Kollege Markus und ich warfen uns schnell einen Blick zu und versuchten, das Unheil abzuwenden, in dem wir uns als Fahrer anboten. „Seid ihr fit?“, fragte Marcel skeptisch, was wir lauthals bejahten. Man möge mir diese kleine Notlüge im Nachhinein verzeihen.
So fuhren wir also heim, die A23 entlang, bis Höhe Hamburg. Dort machte mich, der am Steuer saß, die sich nicht mehr bewegende Benzinanzeige doch langsam nervös, weshalb ich händeringend nach einer Tankstelle suchte. „Fahr doch hier ab“, murmelte Marcel im Halbschlaf, was ich auch tat, um prompt in einem ausgestorbenen Industriegebiet zu landen. Auf einer Anhöhe entdeckten wir das gelb-rote Zeichen eines Ölkonzerns, und ich glaube nicht mal George W. Bush hätte sich darüber mehr freuen können als wir. Frisch betankt und mit aufputschenden Getränken versorgt, ging es endlich in die Heimat, wobei mich die schwarzen, über die Straße laufenden Quadrate (eine Folge des Schlafentzuges) doch irgendwann so nervten, dass Freund Markus das Steuer übernahm. Der brüllte sogleich einen Brummifahrer durch die Windschutzscheibe an, weil dieser nicht weiterfuhr, bei näherem Hinsehen entpuppte sich der „gelbe LKW“ allerdings als Ortseingangsschild. Ein gesunder Geist steckt in einem ausgeruhten Körper, ging es mir damals durch den Kopf. Wahrscheinlich der Beginn meiner spirituellen Reise an den Rand des Wahnsinns ohne Rückfahrkarte.

Das war es also, mein schönstes Ferienerlebnis. Zwei Tage habe ich Seite an Seite mit Heavy Metal-Idioten verbracht, doch letztlich haben mich diese Tiere auf den wahren Pfad der Erleuchtung geführt. Heute höre ich nur noch Musik von Franz Liszt, Johann Strauss (Ich meine den Vater, nicht den liederlichen Sohn!), Caspar David Friedrich, Leonardo Da Vinci, Wim Thoelke und vor allem von Richard Wagner. Der ist

nicht, wie uns so oft von verblendeten Metallern einsuggeriert wird, der Vater des Heavy Metal, sondern das genaue Gegenteil davon! Seine Musik spricht zum Höheren im Menschen und fördert nicht die niederen Instinkte, was sich allein schon dadurch belegen lässt, dass Wagner selbst ein sehr feiner Mensch war. Abgesehen von seiner Judenfeindlichkeit (war damals sehr verbreitet und deshalb nicht weiter schlimm), dem Hang zum Ehebruch und seinen insgesamt ca. 1,8 Milliarden Goldtalern Schulden, die ja keinem anderen im Portemonnaie gefehlt haben. Und überhaupt, das hat gar nichts mit der Musik zu tun.
Bei Heavy Metal ist es hingegen so, dass er Menschen zwangsläufig verroht. So, ätsch! Man schaue sich nur *Manowar* an, dieses chauvinistisch protzende Dämonengezücht aus Los Angeles (bei Chicago). Ist das Ehrlichkeit? Bin ich ein Kulturfaschist? Warum schieße ich mit Bomben auf Spatzen, wo doch Kanonen ausreichen und man zudem Bomben gar nicht schießen, sondern werfen muss. Warum ziehe ich andere durch den Dreck, während mir der gesprochene Dünnschiss bis zum Hals steht? Warum sehe ich dressierte Zwergpinscher durch Omas Küche springen und keine weißen Mäuse? Weiß ich überhaupt, wovon ich hier rede? Wahrscheinlich nicht, aber ich weiß mit Sicherheit, dass meine Musik keine Sau mehr interessiert und meine Bücher noch nie jemanden interessiert haben, was für mich ein untrügliches Zeichen dafür ist, dass ich auf dem richtigen Weg bin. Für einen Christen eigentlich blöd, denn was bleibt da noch zum Erleuchten, wenn ich jetzt schon so hell brenne? Möge Gott mir helfen und Satan sich verpissen. Amen.

Wacken von A bis Z

An-/Abreise, die

Eine Wissenschaft, wenn nicht sogar Religion für sich. Hardcore-Wackenianer reisen drei Wochen vor dem offiziellen Beginn an und beschweren sich vor Ort lauthals darüber, dass die Tore zum →Campingareal noch nicht geöffnet sind.

Eine unglaubliche Frechheit, wirklich! Ich persönlich kann das nachfühlen, denn ich laufe grundsätzlich Anfang September in die Braunschweiger Innenstadt und bin dann immer wieder enttäuscht,
dass der Weihnachtsmarkt noch nicht aufgebaut ist.

Nicht zu fassen, was da mit dem zahlenden Kunden veranstaltet wird.

Doch zurück zum W:O:A, wo die nicht ganz so verrückten Fans mehr oder minder zeitnah zum eigentlich Start aufschlagen. Heißt auf Deutsch: Es kommen alle gleichzeitig an. Oder auf noch Deutscher:
Wir stehen zusammen im Stau.

Um diesem Gemeinschaftserlebnis einen noch intensiveren Touch zu geben, hat sich die Marketingabteilung des Landes Schleswig-Holstein dazu entschlossen, alljährlich ein paar fahrbahnverengende Maßnahmen zu ergreifen, die aus der eh nicht gerade komfortablen A23 eine Standspur werden lassen.

Der Hintergedanke: Wer länger steht, guckt länger raus, erkennt die Schönheit der Gegend und bucht seinen nächsten Urlaub vielleicht im nördlichsten aller Bundesländer. Apropos gucken, es muss im Jahr 2000 gewesen sein, als sich in einem der besagten Staus direkt neben uns ein Taxi einreihte. Auf der Rückbank zwei Metal-Kids von vielleicht 16 Jahren. In Wacken mit 'nem Taxi vorzufahren, ist schon mal nicht schlecht, aber was uns wirklich Respekt abnötigte, war das Kennzeichen des Wagens. Das Gefährt kam aus Hannover, was hin und zurück mal eben 460 Kilometer macht.

War Heavy Metal nicht mal die Musik der bettelarmen Unterschicht, oder hab ich ein Wirtschaftswunder verpasst? Wie auch immer, sind erstmal alle da, beginnen auch schon die Vorbereitungen für die Abreise. Zumindest bei den Samstagsfahrern, die in Sachen Ansehen gemeinsam mit den →Heimschläfern ganz weit unten rangieren.

Es ist einfach nicht cool, die letzte Partynacht zu schwänzen, auch wenn man so einigermaßen komfortabel nach Hause kommt. Denn, die Samstagsfahrer sind gegenüber den Sonntagsfahrern klar in der Minderzahl, was sich wiederum positiv auf den Verkehrsfluss auswirkt.
Natürlich nur, sofern unseren Freunden von der →Polizei daran gelegen ist. Zwar kann man Samstagnacht bis Stuttgart an jeder Tankstelle übernächtigte Festivalbesucher treffen, aber das ist nichts gegen die Massen, die sich am Sonntagmittag von Norden aus über die Republik ergießen. Dabei gilt die Faustregel: Umso heißer es ist, desto mehr Baustellen stehen im Weg.
Nicht, dass dieser Umstand die ultraharten Sonntagsfahrer wirklich stören würde, ganz im Gegenteil: Kaum zu Hause und den Grind noch nicht mal abgewaschen, stürzen diese Gestalten an ihre PCs, um mit ihrer Standzeit zu prahlen.
„Wir haben elf Stunden bis Erfurt gebraucht." „Ich hab allein vier Stunden gewartet, bis ich auf den Parkplatz Fuchsgrund zwischen Hannover und Bielefeld fahren konnte." „Bei uns inner Karre war es so heiß, dass die Colaflaschen geplatzt sind. Da haben wir schnell noch die Fenster zugemacht, kommt besser, höhöhö."
Erinnert das noch irgendwen an Opas Geschichten aus der Wehrmachtszeit? Wir hatten -36 Grad Celsius im Bunker, da mussten wir unsere gefallenen Kameraden essen und so fort. Vielleicht erbarmt sich ja demnächst Guido Knopp und dreht eine Doku über die Wacken-Heimkehrer. Ich hätte da auch schon einen Titel: „Die **S**tau**S**teher – Sie wollten nur nach Hause".

Aspirin, das
Gehört ebenso zur Grundausrüstung eines jeden Besuchers, wie „Immodium akut“ oder ein anderes Präparat, das den Arsch möglichst bis zum Sankt Nimmerleinstag von innen zubetoniert. (Grund: →Dixis) Doch wo der tablettenförmige Darmmaurer in der Regel ganze Arbeit leistet, wird von der Kopfschmerztablette ein bisschen viel erwartet. Man muss nur mal versuchen, sich in so ein Schmerzmittelchen hineinzuversetzen. Da rutscht die Pille die Speiseröhre hinab, im festen Glauben, ein bisschen Zahnweh oder Rückenschmerz bekämpfen zu müssen. Und platsch landet das Ding in 24 Hektolitern Alkohol, und der hat seine Sturmtruppen in Form von Katerattacken natürlich schon längst entsandt. Die Chance des Aspirins gegen diese Übermacht ist in etwa so groß, wie die eines siebenjährigen Mädchens, das über dem Dschungel von Borneo mit dem Fallschirm abspringt und, kaum gelandet, einer Division der französischen Fremdenlegion gegenübersteht. Nee Leute, für solche Himmelfahrtskommandos werden die Dinger bei Bayer nicht zusammengemixt …

Autogrammstunden, die
Ziemlich weit links von der Doppel-Headliner-Stage steht ein Viehanhänger. Genauer gesagt der Viehanhänger, der anno 1992 die Headliner-Stage darstellte. Auf diesem finden sich heutzutage illustre und sehr viele unillustre Musiker ein, um Plattencover, Zeitschriften, Titten und überhaupt alles zu unterzeichnen, was man ihnen hinstreckt. Wer da oben sitzt, ist eigentlich voll lulle, denn die Fans stehen für jede noch so unwichtige Combo geduldig an. Es hat schon was von Massenhypnose, wenn Bands, die im täglichen Tour-Leben nicht mal nach der Uhrzeit gefragt werden, plötzlich einen Menschenauflauf produzieren, wie Weiland eine Lieferung Ananas in der Zone. Besonders auflauffördernd sind weibliche Wesen, vorzugsweise die singenden. In diesem Fall rinnt unter der endlosen Schlange wartender Metaller ein kleines Sabberbächlein den Berg hinunter. Es ist zumindest zu hoffen, dass es Sabber ist.
Alte Männer wie *Saxon* freuen sich indes jedes Jahr wie kleine Kinder, wenn sie Möpse mit ihrem Otto vollkrakeln dürfen. Da ist es dann auch egal, wenn die Teile vor ihnen auf den Tisch klatschen wie zwei übergroße

Schneebälle und die dazugehörige Tuse aussieht wie eine Moorleiche auf Sylturlaub. Engländer halt.
Slayer hingegen freuen sich über gar nichts, denn die sind böse.
2003 versuchte man trotzdem, sie auf den Viehhänger zu bekommen, was mit einer rund einstündigen Verspätung auch gelang. Blöd nur, dass den störrischen Superstars nach rund 15 Minuten die Lust verging und sie sich wieder trollten. Zurück blieb ein Heer der Slaytanic Wehrmacht, das von seinen Führern mal wieder im Stich gelassen wurde. Kennt man ja aus Stalingrad.
Apropos Hingabe mit Haut und Haaren: Interessant ist, dass immer mehr Menschen ihren Körper als Bekritzelungsgrundlage auswählen, was nicht so richtig Sinn macht. Okay, ein paar Bekloppte lassen sich die Unterschrift nach dem Hafturlaub von ihrem Zellengenossen nachstechen, andere wiederum waschen die signierte Körperstelle gar nicht mehr, weshalb aus den eben angesprochenen Schneeballtitten irgendwann Matschklumpen werden. Ob das nun eine Verbesserung ist, mag jemand anderes entscheiden. Die meisten Fans jedoch duschen nach dem Wacken Open Air erstmal ausgiebig, weshalb die lang erstandene Unterschrift im Ausguss versickert.

Dass echte Künstler wie *Slayer* da keinen Bock drauf haben, muss man auch wieder verstehen. Die haben ja schließlich noch was anderes zu tun (Ostfront sichern, Luftschlacht gewinnen, Germania planen etc.).

Backstage, wichtig

Hinterm Horizont geht's weiter … Allerdings nicht für gewöhnliche Fans, da ist am Gitterzaun Schluss mit lustig. Mindestens jeweils zwei gesellschaftlich Benachteiligte (→Security) an drei aufeinander folgenden Schleusen achten penibel darauf, dass sich kein Fußvolk in das Allerheiligste reinschummeln kann. Denn Backstage ist nur was für Macher. Zum Beispiel Musikmacher, Magazinmacher, Festivalmacher, Drogenmacher oder Macher im Allgemeinen. Wer nichts macht, hat hier nix zu suchen. Für eben jene Nichtmacher gibt es an dieser Stelle eine exklusive Führung durch die Welt des schönen Scheins.

Willkommen im Heiligtum Backstage: Wählt man (als Macher) den Eingang seitlich der Hauptbühnen und hat man die drei Schleusen endlich passiert, so steht rechts ein Technikcontainer.

Angeblich werden da Filme geschnitten, aber wer die Macher etwas genauer kennt, weiß, dass sie hauptsächlich aufschneiden, um andere Macher zu beeindrucken.

Nebenan steht das Pressezelt, das von Jahr zu Jahr plüschiger wird. Kuschelige Sofaecken laden zum Pausemachen ein, gediegenes Licht lässt die Lider schwer werden. Gegenüber dieser Ruhezone befinden sich Anschlüsse für Laptops, die bei voller Belegung den Eindruck vermitteln, man würde sich auf einer Vollversammlung der UN befinden. Wobei „Voll" vielleicht einen falschen Eindruck vermittelt, denn hier sitzen nur stocknüchterne Nachwuchsmacher oder notorisch ernsthafte Immermacher, um an Texten zu schreiben, Fotos durch die Welt zu jagen und Sätze wie den folgenden ins Handy zu flüstern:

„Ja, die Sieben auf die Drei, zweispaltig, damit ich den Mainshot plus BU noch unterkriege." In diesem Bereich bitte nur auf Zehenspitzen gehen, alles sehr wichtig.

An das Pressezelt schließt sich der Gartenbereich an, mit Schwenkgrill, Stühlen und Tischen sowie einem Swimmingpool. Einem was bitte, mag jetzt der eine oder andere Nichtmacher entsetzt ausrufen, während das Anarchiezeichen langsam von der Kutte bröckelt. Aber alles halb so wild. Der „Pool" hat einen Durchmesser von einem Meter und sieht aus wie ein Schweinetrog. Bei großer Hitze (wie 2004) sitzen auch hauptsächlich Schweine drin, voll bekleidet und besoffen wie die Matrosen des russischen Atom-U-Bootes Kursk.

Gegenüber befinden sich allerdings die wirklichen Luxuseinrichtungen, zumindest für Wacken-Verhältnisse. Eine grüne (!) Wiese, auf der man sich mal lang ausstrecken kann, ohne kaputt getrampelt zu werden und ein Bierstand, an dem die warme Plörre zügig den Besitzer wechselt. Gegen bare Münze, versteht sich. Wir sind in Wacken und nicht auf dem Weihnachtsbasar eines bayrischen Nonnenklosters. An der Bierquelle versammeln sich vor allem die Chefs der Nachwuchsmacher aus dem Pressezelt oder Musikmacher oder solche, die sich für Musikmacher halten oder solche, die mit Musikmachern Geschlechtsverkehr haben. 90 Prozent der hier stehenden/sitzenden Vollprofis sehen in drei Tagen nicht eine Band, haben aber „Kontakte geknüpft". Das ist der Macher-Code für: Ich war drei Tage lang voll und hab nur dummes Zeug gelabert.
Des Weiteren fällt auf, dass diese Thekenkämpfer zu jedem einzelnen Bandauftritt des Festivals einen fundierten Kommentar abgeben können und das auch ungefragt tun, obwohl sie – wie gesagt – nicht mehr als die Hackfresse ihres Gegenübers gesehen haben. Also merke: Wo Macher sind, sind auch seherische Fähigkeiten nicht weit. Linker Hand steht noch ein Zelt, dessen Funktion sich aber noch niemandem erschlossen hat, weshalb wir, vorbei an einigen weiteren Getränkeständen, zum so genannten VIP-Zeltplatz kommen.
Anders als auf dem →Campingareal des Pöbels gibt es hier durchgehend freie Zufahrtswege, eine im Ansatz hinnehmbare Duscheinrichtung und viele Macher, die noch nicht genug →Geld gemacht haben, um sich ein Hotelzimmer leisten zu können. Vor allem das →Kanonenfutter macht sich hier breit, außerdem Journalisten aus Schweden, Japan und Uganda.
Von hier aus kann man zudem die eintreffenden →Nightliner beobachten, die die →Headliner, also die Super-Macher, aufs Gelände bringen. Sehr spannend!
Alles in allem stinkt es nicht ganz so schlimm nach Pipi wie sonst überall, es ist etwas ruhiger (weil das Gesocks ja keinen Zutritt hat) und vor allem nicht so voll, was aber nur dann so bleiben kann, wenn sich nicht jeder in der Metal-Szene in einen Macher verwandelt. Also am besten einfach mal nichts machen.

Bändchen, bunte

Wer an einer Profilneurose leidet, geht zum Arzt und kriegt Tabletten. In Wacken hingegen werden derlei mentale Zipperlein von der Akkreditierungsstelle behandelt, vornehmlich mit Bändchen. Völlig wirkungslos sind dabei die Eintrittsbändchen, weil die jeder bekommt.

Schon besser kommen die normalen VIP-Bändchen, mit denen der Kranke Zutritt zum →Backstage-Bereich erhält.

Außerdem gibt es als Zugabe noch so einen „Waynes World-Ich bin wichtig“-Gedächtnisumhänger, der keinerlei Funktion erfüllt, bei manchen aber eine weitere Linderung bewirkt. Wenn's hilft, bitte.

Noch viel besser sind aber die circa 44 Abstufungen des VIP-Bändchens. Tausche Technik und Catering, aber nicht Bühne gegen Bühne (seitlich links) und Umkleide, aber nicht Bühne (vorne). Um zu schnallen, wer sich da wann wo mit wem aufhalten darf, ist ein zweiwöchiger Grundkurs plus anschließende Dauerfortbildung nötig.

Profilneurotiker im Endstadium hingegen halten sich mit solchen Kinkerlitzchen nicht mehr auf. „Access All Areas“ oder gar nichts, der goldene Schuss für alle hauptberuflich Wichtigen. Mit diesem Bändchen wäre es dem Patienten theoretisch möglich, bei einem *Nevermore*-Gig auf die Bühne zu hopsen und allen Bandmitgliedern live die Haare zu schneiden. Macht aber keiner, weil der schöne Türöffner dann in die Mülltonne wandern würde.

Stattdessen flanieren die Kranken über das Gelände wie schwule Zirkuspferde, den „Access All Areas“-Schriftzug immer gut sichtbar vorzeigend.
Irgendwann beißt dann endlich ein 16-jähriges Mädchen an, das den Neurotiker unter Tränen darum bittet, sie mit Schorse Corpsegrinder (oder einem anderen Traumschwiegersohn) bekannt zu machen. „Erst wenn du da durch den Schlamm kriechst und mich Meister nennst.“ Ja, genau so behandelt man psychisch Labile. Statt wegsperren einfach mal den Wahn ausleben lassen. Und wer weiß, vielleicht schafft es einer von denen irgendwann ja wirklich mal bis zur tausendjährigen Weltherrschaft!?

Bier, mehr

Das Hauptnahrungsmittel eines jeden Besuchers. Heißt übersetzt, Verteidiger der Straight-Edge-Lehre haben in Wacken die gleiche Überlebenschance wie Mickey Maus in einem Schlangenterrarium. Während der weibliche Fan gerne mal ein Bierchen genießt, geht es dem männlichen Pendant eher um die mengenmäßige Vernichtung. Härter, schneller, lauter, und selbst im Vollsuff immer ein Auge darauf, dass die eigene Trinkleistung auch ja von den Kumpels registriert wird. Denn was helfen die schönsten Rekorde, wenn sie hinterher keiner bezeugen kann? Männliche Wacken-Besucher sind der einzige bekannte Fall, in dem Lebewesen die Evolution umdrehen und sich freiwillig Richtung Neandertal zurückentwickeln. Black Metal-Darwinismus, wenn man so will.
Deshalb stört es auch kaum jemanden, dass die an den Bierständen angebotene Plörre gerade zu den Hauptstoßzeiten (von 10 Uhr morgens bis 3 Uhr nachts) verdächtig nach Babypipi schmeckt und auch ungefähr die gleiche Temperatur hat. Könnte da …
Aber wir wollen hier niemandem etwas unterstellen. Trotzdem sollte irgendwer mal schleunigst bei der Säuglingsstation des Itzehoer Krankenhauses nachfragen, wo die ihre Fäkalien entsorgen und sich wenn möglich Beweise zeigen lassen.
Abgesehen davon hat das goldgelbe (…) Gebräu aber noch eine sehr wichtige Aufgabe zu erfüllen. Singles, und davon gibt es in Wacken bekanntlich eine ganze Menge, benutzen das Getränk nämlich als Sex-O-Meter. Im nüchternen Zustand ist ja kaum vernaschbares Material

auszumachen, deshalb erfolgt das von Schützenfest und Klassenfahrt bestens bewährte „Schönsaufen", hier allerdings in vollendeter Form. Gemäß der nach unten offenen Kugelmünd'schen Parabel wird anhand der Optik des möglicherweise in Frage kommenden Objektes die Biermenge geschätzt, die nötig ist, um eine körperliche Vereinigung machbar erscheinen zu lassen.

Bei jedem weiteren hässlichen Detail des Gegenübers muss eine entsprechende Menge Bier hinzugegeben werden. Aber Vorsicht! Gerade Männer müssen den Scheitelpunkt genau berechnen, denn ist dieser überschritten, fällt die Kurve im doppelten Sinne wieder ab. Dies ist der Fall, wenn die aufzunehmende Menge Alkohol so hoch ist, dass sie die ausschlaggebenden Körperregionen in ihrer Funktion beeinträchtigt. Man spricht dann vom Erschlaffungswinkel, der sich auch bei 0 befinden kann. Ist ein solcher Sachverhalt prognostizierbar, lohnt die Investition von vorneherein nicht.

Bühnen, vier

Es war im Jahr 1997, als sich die →Veranstalter dachten: Einfach nur Bands spielen lassen, ist irgendwie langweilig. Wäre doch viel lustiger, wenn wir sie gegeneinander antreten ließen.

Gesagt, getan, seitdem stehen drei, seit 1998 vier (1999 waren es sogar mal fünf) Bühnen auf dem Gelände, von denen grundsätzlich zwei, manchmal sogar drei mit Musikern bestückt sind. Und dann geht's los. Laut ist gut, lauter ist besser, so die einfachen Regeln.

Eigentlich ein bisschen unfair, denn die Anlage der beiden Hauptbühnen hat viel mehr Power, und wenn dann noch eine durchdringende Black Metal-Band auf selbiger steht, können die True Metaller von der Party Stage einpacken.

Denn: Wer will schon herzerwärmende Balladen hören, in die *Marduk* oder *Satyricon* reinquaken? Eben, keiner. Das haben mittlerweile auch die True Metaller gerafft und sich beschwert, weshalb speziell die Party Stage Jahr für Jahr ein bisschen verschoben wird. Angeblich nach den jeweils aktuellen wissenschaftlichen Erkenntnissen, um den bösen Schallwellen der anderen zu entgehen. Haha, dreimal laut gelacht. Als ob da jemand von der W:O:A-Crew wirklich Ahnung von hätte. Die sind doch froh, wenn es überall Strom gibt und keiner ernsthaft zu

Schaden kommt. Deshalb werden sich die Bühnen auch noch in zehn Jahren gegenseitig anbrüllen, wie Vorschulklässler im Kampf um eine halbvolle Zigarettenschachtel. Die Fans werden sich beschweren und die Veranstalter versprechen nach außen hin Besserung fürs nächste Mal.
Müsste alles nicht sein, denn die Lösung ist so einfach: Nur noch Bands mit vielen Mitgliedern (*Haggard*, *Corvus Corax*, *In Extremo*, *Impotent Sea Snakes*,) beziehungsweise gemietetem Orchester im Rücken (*Rage*, *Doro*, *Metallica,* schon wieder *Corvus Corax*) verpflichten und die Mannschaft auf alle vier Bühnen verteilen. Per Funkgerät anzählen und los geht das Konzert.
Der geneigte Besucher kann dann entweder von Bühne zu Bühne schlendern und sich die Instrumentengruppen seiner Wahl anhören oder in der Mitte stehen bleiben, um dem Gesamtwerk zu lauschen. So ist gewährleistet, dass der herüberwehende Krach der anderen Stages ansatzweise zueinander passt und niemand etwas versäumt. Okay, bei Bands, deren Musik nicht zu einem Orchester passt (Hallo *Metallica*!), kommt da wahrscheinlich nur ein undefinierbarer Brei raus. Betrachtet man jedoch den Ausgangspunkt, so ist das zumindest keine Verschlechterung.

Campingareal, das

Willkommen im Guantanamo Bay des ganz kleinen Mannes. Wer hier landet, kommt so schnell nicht wieder raus.
Okay, Haare und Bärte dürfen dranbleiben und orangefarbene Overalls sind auch (noch) keine Pflicht, aber ansonsten ist alles wie drüben bei Onkel Sam. Mieses Essen, Schlafentzug durch Dauerbeschallung, Plumpsklos, und die Aufseher führen sich auf wie Attila der Hunnenkönig. Die hier internierten Fans sind von der Außenwelt abgeschnitten, allein gelassen und vergessen. „Natürlich dürfen unsere Freunde theoretisch jederzeit mit ihrem Auto das Gelände verlassen, es handelt sich bei unserem Campingareal schließlich nicht um einen rechtsfreien Raum“, betonen die →Veranstalter jedes Jahr aufs Neue. Der Haken an der Sache: rund 40 Gefängniszelte der Mithäftlinge, die den Weg zur rettenden Straße versperren. Natürlich „rein zufällig“ so aufgebaut, dass von keiner Parzelle aus eine Flucht möglich ist. Wilde Zelter aus dem Umkreis werden übrigens von Spezialeinheiten mit Wärmebildkameras

aufgespürt und ebenfalls umgehend ins Camp verbracht. Man will seine „Freunde“ halt im Auge behalten. Den Häftlingen bleibt indes nur eine Hoffnung: Eines Tages erscheint ein findiger Rechtsanwalt, der sich ihres Falles annimmt und dabei nicht, wie so viele zuvor, den Bestechungsversuchen der Wacken-Regierung erliegt. Dann jedoch – sofern dieser Tag je kommen mag – wird es Schadensersatzklagen hageln, dass die etwas südlicher gelegene Heide wackelt. Bis dahin kann das gemeine Volk nur mit den üblichen Mitteln auf diesen Verstoß gegen die Menschenrechte aufmerksam machen: Lichterketten, Kerzen im Dom anzünden und Diskussionsrunden im

Pfarrhaus bei Kamillentee und Butterkeks. Das alles unter dem Motto: Nieder mit dem Generalverdacht / Freiheit für die Wacken-Camper!

Correct, Politically

Ist das Wacken Open Air nie gewesen. Das geht schon mit der Frisur vom Hübner-Holger los, geht weiter mit der Verpflichtung der *Böhsen Onkelz* (1996 und 2004) und endet noch lange nicht bei der grundsätzlichen Überlegung, für 2005 oder irgendwann später die wiedergeborenen *Dissection* samt ihrem blank poliertem Hilfsmörderschädel Nödtveidt ins Programm zu hieven.

Auch die Kommunisten von *Tankard* durften 1998 sowie 2001 ihre kapitalismusfeindlichen Parolen („Freibier für alle!“) unters latent labile Volk streuen, während die Message von den *Störspatzen Of Des* (1992) auf immer im Dunkel bleiben wird. Ist bei so einem Bandnamen wohl aber auch das Beste.

Fakt ist: Linksradikale Black Metal-Christen mit auskuriertem Hitler- und/oder Gummistiefel-Fetisch bekommen auf dem W:O:A unter Umständen eine Chance auf Rehabilitation, und das ist gut so. Irgendwo müssen sich diese Randgruppenexistenzen ja auch wieder an normale Menschen, geregelte Abläufe, die frische Luft und das gute Essen gewöhnen.

Obwohl, wenn ich Nödtveidt wäre, würde ich dem Bewährungshelfer lieber kein Wacken-Video zeigen. Das macht's am Ende nur noch schlimmer.

Dixis, die

Eines der ganzen großen NEINs ist das Kacken in Wacken. Man muss seinen Arsch nicht unbedingt abgöttisch lieben, um ihm einen Knutscher mit den vollgesifftesten Klobrillen der nördlichen Hemisphäre zu ersparen. Der Selbsterhaltungstrieb reicht da völlig aus. Denn was kann man sich auf den Dixis nicht alles holen? Oder schneller, was könnte man sich alles nicht holen? Husten und Schnupfen, das war's dann aber auch. Trotz jährlich wiederkehrender Beteuerungen der →Veranstalter, man würde diese Orte der Verdauungsverdammnis im nächsten Jahr ganz sicher stündlich mit Sagrotan abspritzen, die Kotparade scheint immer noch größer zu werden. Das muss man weder sehen noch riechen und als allerletztes am eigenen Körper spüren. Bereits am Freitag stapeln sich die prächtigen Ausscheidungen der lieben Mitmenschen in der dritten Etage, was nichts anderes heißt, als dass die gesammelten Werke der Vorgänger zehn Zentimeter über den Klobrillenrand lugen. Wer sich da hinsetzt, setzt sich mitten rein. Ein Gefühl, das man von der Ledersitzheizung im Auto kennt, wobei man da wenigstens noch eine Hose anhat. Doch selbst wenn die schokoladenfarbigen Bergzipfel nicht in den Himmel ragen: Wer weiß schon, was der Vorgänger gegessen hat, wann er das letzte Mal gegen Räude geimpft wurde und wo dieser Arsch in seinem Leben schon überall war? Vom Schweiß mal gar nicht zu reden. Nö, im Leben nicht. Wenn gar nicht anders möglich, ist das →Maisfeld eine Alternative, ansonsten Backen zusammen und das ganze Päckchen mit nach Hause nehmen. Dixi, der Lateiner hat gesprochen!

Döner, der

Auch wenn es Varg Vikernes und seine linksseitig gelähmten Gesinnungsgenossen nicht gerne hören: Demnächst kommen unsere Freunde vom Bosporus wohl auf 'nen Tee in die EU vorbei. Deshalb verzichten die abendländischen Grenzgänger neuerdings darauf, untreuen Ehefrauen öffentlich die Rübe abzuhacken und auch andere lieb gewonnene Gewohnheiten müssen über Bord geschmissen werden. Im Gegenzug gibt es dafür eine Fleischtasche voll neuer Gesetze.

Keine Ahnung, ob das Wort Lebensmittelhygiene bereits im anatolischen Wortschatz existiert, aber auf jeden Fall weht da demnächst ein anderer Wind. Sich mal kurz mit drei lebenden Hühnern und einem Gaskocher an die Straße stellen, ist nicht mehr. Sowas läuft bei uns unter Landfriedensbruch in Tateinheit mit Tierquälerei und wird nicht, wie bisher, als Eröffnung eines mobilen Schnellimbisses gewertet. Wobei, die Belgier dürfen ja nach wie vor künstliche Walnussaromen ins →Bier schmeißen und den Dreck sogar bei uns vertreiben. Hm, wie komm ich da eigentlich gerade jetzt drauf?
Der Wacken-Döner ist bekanntlich weder ess- noch trinkbar, da er aus einem klitzekleinen Stück Ledersohle, einem Klacks Entenkacke und ein bisschen Schnittblumenabfall besteht, das alles entsorgt in einem brotfarbenen Salzteigtäschchen. Moment mal, entsorgt? Sollte dieses Häufchen Elend, das sich betrunkene W:O:A-Besucher vereinzelt sogar in den Mund stecken (Hab ich selbst beobachtet!), am Ende die türkische Antwort auf unsere Mülltrennung sein? Na dann, viel Spaß mit dem dualen System. „Mittä scharrfä Soze?"

Drogen, keine Macht den
Hattn wa nich, ham wa nich und kriegn wa auch nich wieder rein. Zumindest nichts, was über einen Feierabendjoint oder einen Tanklaster voll →Bier hinausgeht. Das W:O:A ist sogar ein ausgesprochenes Anti-Drogen-Festival, was unter anderem Zwergnase Nattefrost von *Carpathian Forest* anno 2003 unter Beweis stellte. Vollgepumpt mit illegalen Substanzen keifte der Baby-Panda schon am frühen Nachmittag vom Tod und seinen bitterkalten Begleitumständen, als ihm plötzlich einfiel, wo er sich befand. Genau, mitten in Wacken.
Also, einmal tief durchgeatmet und raus mit der Brühe. Zum Beweis wurde dieser Akt der Selbsterkenntnis für alle Besucher gut sichtbar auf die Videoleinwand projiziert, was im Übrigen für deutlich mehr Jubel sorgte, als das musikalische Beiwerk. *Carpathian Forest* mögen ja furchtbar true sein, aber klingen tut die Schose, wie *Kiss* gegen die *Beach Boys* auf einem rumänischen Kofferradio.

Duschen, die
Aus der Abteilung „Sprüche, die die Welt mittlerweile auswendig kennt“: Duschen ist nicht Heavy Metal. Tausendmal gehört, dem Grunde nach aber leider richtig. Allein, weil unter dem tröpfelnden Eiswasserhahn die Frisur und die aufgemalten Tattoos abgehen.
Und was den auch für Pärchen geeigneten Prince Body Wash Salon (kurz: Fickelbude) mit eingebauter Abspritzanlage angeht, der seit 2002 das Gelände verunziert: Wo wichst der Fisch hin? Genau, in das Wasser, in dem er schwimmt, isst und sich wäscht. Eben deshalb haben sich diverse Tiere im Laufe der Jahrmillionen an Land begeben. Diesen Prozess muss man nicht umkehren, nicht mal auf dem W:O:A.

Einheimische, der/die/das
Davon gibt es in Wacken jetzt nicht so furchtbar viele, nach neuesten Erkenntnissen sind es wohl ziemlich genau 1.887. Diese niedliche Ansammlung gescheiterter Existenzen, die früher entweder auf St. Pauli ein paar Pferdchen am Laufen hatten (bis der Albaner mit seinen Schusswaffen kam) oder ihr →Geld mit dem Fischfang verdienten (bis der Russe mit seinen defekten Öltankern und Atom-U-Booten kam), hat sich in Wacken ein beschauliches Paradies aus Einfamilienhäusern, Vorgärten, Wertstoffinseln und Marktplatz geschaffen.
Bis das Open Air kam. Seitdem ist einmal im Jahr Rummel auffer Hütte, inklusive Umweltverschmutzung und wahrscheinlich auch ein paar bewaffneten Albanern. Die meisten der hier ansässigen Lebenskünstler sind aus den oben genannten Gründen jedoch Kummer gewohnt und machen aus der Not eine Tugend. Mit selbst gebastelten Bauchlädchen bewaffnet marodieren sie um das Festivalgelände herum, um billig eingekauftes Dosenbier zu Entenhausener Fantasiepreisen zu verkaufen. Die dazu nötige Reisegewerbekarte haben sie allesamt auf der Kommode liegenlassen, aber da schaut in diesen Tagen niemand so genau hin.
Andere hingegen vermieten gegen Vorkasse ihren Grünstreifen an Wildcamper, und wenn die besoffene Gästebrut pennt, werden die Geldbörsen gezockt. Auch eine nette Einnahmequelle, die sich im Laufe der Jahre sicher rentiert. Zudem darf der Wackener (Wackenianer? Wackensier? Die da wohnen, halt.) für nüscht auf das Gelände, wovon

besonders ältere Herrschaften, deren Kreuzschmerzen auch ohne Bierbauchladen ins Chronische tendieren, ausgiebig Gebrauch machen. Da wird sich umgeschaut, die Silberzwiebel geschüttelt und gelästert. Selbst noch mit Kohle heizen, aber den Hals aufreißen, mag manch empfindlicher Besucher schon mal gedacht haben. Aber das ist der falsche Ansatz. Denn mal im Ernst: Wer von uns möchte, dass das nächste *Kastelruther Spatzen*-Festival unmittelbar vor seiner Haustür stattfindet? Ich persönlich würde es jedenfalls nicht beim Kopfschütteln belassen …

Einlass, stockender
Endlich mal eine Sache, bei der unsere Freunde aus der Sowjetischen Besatzungszone im Vorteil sind. Denn wenn die Schatten in Wacken länger, mithin die aufspielenden Bands interessanter werden, bilden sich am Haupteinlass gerne lange Schlangen. Das kennen Rocky und Mandy noch von früher und können sich mental drauf einstellen. Einziger Unterschied: Es gibt keinen Bohnenkaffee aus Ungarn, sondern nur ein bisschen Nüsse schaukeln für lau.

Die →Security ist da sehr penibel, vor allem dann, wenn die Wartenden am Ende bereits in Hessen stehen. Schön noch mal in die Nasenlöcher geleuchtet, ob der prinzipiell verrückte Metal-Fan auch keinen Plastiksprengstoff zwischen dem Restrotz deponiert hat, dann „schnell" den lebensgefährlichen Patronengurt konfisziert (Nein, die kann man nicht ein paar Meter weiter auf dem Gelände kaufen. Das sind ganz andere. Obwohl, es wäre ja denkbar, dass die eingezogenen Gurte durch

einen Verbindungsmann auf direktem Wege zu den Händlern gelangen, die den Mist dann möglichst an den Kollegen verkloppen, der seinen Gurt just vor zwei Minuten losgeworden ist …), den Tetrapack mit dem O-Saft entsorgt (Da könnte ja jemand drin ertrinken.) und „schon“ kommt der nächste dran.
Irgendwann aber haben die Damen und Herren vom grabbelnden Personal ganz plötzlich genug und geben den Haupteingang kampflos preis. Dieser Moment kommt immer überraschend, weshalb die, die schon seit einer Stunde in der Schlange stehen und als Übernächste drangekommen wären, mit Recht säuerlich reagieren. Zumal die bedingungslose Kapitulation die vorhergegangene Filzaktion ein bisschen arg überflüssig erscheinen lässt. Abgesehen davon könnte man natürlich auch einfach zehn Meter Sichtschutzplane und Einlassgitter weglassen, um so einen Tag und Nacht passierbaren zweiten Haupteingang zu schaffen, der wiederum den ersten Haupteingang entlasten würde, worauf dieser ebenfalls Tag und Nacht passierbar wäre. Wie? Das wäre zu schön, um Wacken zu sein? Und außerdem hätte der Verbindungsmann der →Security dann nicht mehr genug Zeit, die Händler mit neuem Stoff zu versorgen, weil die Leute schneller am Stand wären als ihre eigenen Patronengurte? Da ist natürlich was dran …

Fischbude, großartige

Wenn der werte Leser (die werte Leserin, ist ja schon gut) an dieser Stelle des Buches angelangt ist und dabei die Reihenfolge eingehalten hat, weiß er/sie schon alles über den →Döner, aber noch nichts von der →Pizza. Ausnahmsweise ist es erlaubt, ein paar Buchstaben zu überspringen und sich die nötigen Infos sofort zu besorgen. Alle wieder da? Schön, dann kann's ja weitergehen.
Dem aufmerksamen Leser (und seiner Uschi) wird aufgefallen sein, dass das kulinarische Angebot in Wacken zu wünschen übrig lässt. Wäre das W:O:A ein Roman von Agatha Christie, Miss Marple würde wegen versuchten Mordes durch vergiftetes Essen in geschätzten 150.000 Fällen ermitteln.
Aber da gibt es ja noch die Fischbude, die großartige. Jener Hort des nahezu kostenneutralen Sattwerdens war 2004 ein Stück rechts hinter dem →Einlass positioniert, ich kann mich aber daran erinnern, auch

2003 und die Jahre davor vom reichhaltigen Meeresangebot genascht zu haben. Nicht, dass die Qualität hier um ein Vielfaches besser wäre als bei den Kollegen mit den südländischen „Spezialitäten", aber toter Fisch ist toter Fisch, da lässt sich wohl nicht so viel falsch machen. Entweder er ist frisch oder der Konsument landet im Krankenhaus.

Definitiv alles richtig machen die, die am angegebenen Ort einen gebackenen Meeresbewohner bestellen. Die Olle von der Thunfischtheke kippt da nämlich soviel Remoulade drüber, dass man beim besten Willen nicht mehr sagen kann, ob Fisch oder Fleisch den Schlund hinunterrutscht. Ist aber auch egal, denn das Gefühl, mal was im Magen zu haben, das a) merklich ausfüllt und b) nicht sofort wieder raus will, ist mindestens so viel wert wie Freibier. Und wer weiß, wofür Mann das überschüssige Eiweiß noch gebrauchen kann … (siehe →Girls, nackige)

Freunde, die

Bezeichnet in der Regel die Leute, mit denen man das Wacken Open Air besucht. Manchmal schließen sich aber auch „Freunde von Freunden", „Bekannte" oder gar „entfernt Bekannte" dem Tross an, was unweigerlich den Tod jener Freundschaft zur Folge hat, auf deren Basis sich die Gruppe überhaupt erst zusammenfinden konnte. Denn: Wacken ist Krieg, und da muss man sich auf jeden Einzelnen verlassen können. Ein bisschen Open Air-Erfahrung oder zumindest guter Wille beziehungsweise bedingungsloser Gehorsam den Festivalveteranen gegenüber ist für Mitreisende oberste Pflicht. Hält sich aber natürlich keiner dran, vor allem nicht jene „Bekannte", die Soziologie im 30. Semester studieren und das W:O:A als eine Art lebendig gewordene Hausarbeit betrachten. Da werden gnadenlos Zeltplatznachbarn angequatscht, der Sinn und Zweck des Alkoholmissbrauchs unter Musikbeschallung hinterfragt und unqualifizierte Kommentare abgegeben.

Zum guten Schluss verpasst die ganze Blase noch irgendeine wichtige Band, weil der feine Herr „Freund vom Freund" mit dem Security-Männchen die Tatsache ausdiskutieren will, warum man denn keine Isolierkannen mit Hibiskusblütentee aufs Gelände mitnehmen darf. Spätestens an diesem Punkt bekommen sich die beiden Ausgangsfreunde fürchterlich in die Wolle, hauen sich ausgiebig aufs Maul und sprechen, zu Hause angekommen, für die nächsten zwanzig Jahre kein Wort mehr miteinander. Anstatt den Verursacher gemeinsam im Wald auszusetzen und den Schleiereulen zu überlassen, geht also eine nicht zu ersetzende Sandkastenfreundschaft in die Brüche. Drum prüfe wer sich für Wacken bindet, ob sich nicht doch was Bessres (oder am besten: niemand) findet.

Fußball, König

Wo wir gerade beim Thema sind: „Die Welt zu Gast bei Freunden". Wofür der DFB immerhin 106 Jahre brauchte, schaffte das langhaarige Tunichtgutdoppel Jensen/Hübner in Nullkommanix. Und zwar ohne die Hilfe von Franz Beckenbauer und Günter Netzer. Eine grüne Wiese und drum herum ganz viele Fans aus aller Welt.

Okay, das eine ist 'nc Fußball-WM und das andere ein Heavy Metal-Festival, aber so groß sind die Unterschiede nicht. Die Schlachtenbummler sind schon vor Anpfiff besoffen, während des Spiels wehen Fahnen in den Landesfarben und am Ende ist der Schiedsrichter (bzw. →Veranstalter, glorreiche) schuld. Ob Fußballfans sich allerdings auch drei Stunden für ein →Bier anstellen oder die dreimalige Spielverlegung ihres Teams einfach so schlucken würden, lassen wir mal dahingestellt.

Auf jeden Fall nehmen unsere internationalen Gäste mehr Eindrücke mit nach Hause als der gemeine Hooligan. Ohrenfiepen, Schlammreste in der Unterhose und Nackenschmerzen vom vielen Headbangen, das alles gibt es beim Fußball nicht. Es ist zudem sehr unwahrscheinlich, dass ein Wacken Open Air mit einem müden 0:0 ausgeht.

Und solche Knusperkasper wie Gerhard „Och, so'n kleiner Mariacron geht noch" Meyer-Vorfelder oder Joseph S. „atan hat es mir befohlen" Blatter haben hier endlich mal gar nichts zu sagen. Abgesehen davon, wo sollten die auch sitzen? Beim W:O:A gibt es (noch) keine komplett verglasten VIP-Logen. Und dass die meisten der Metal-Bands demnächst nach 45 Minuten Spielzeit eine Pause brauchen, weil sie so steinalt sind, ist nichts weiter als ein böses Gerücht. Obwohl, wäre vielleicht keine schlechte Idee, wenn sich Urgesteine wie *Slayer* oder *Twisted Sister* zumindest einen Ersatzmann auf die Bank setzen dürften. Denn: Ein Spiel dauert 90 Minuten und nicht 75, ihr Luftpumpen!

P.S. Wer an dieser Stelle ein paar erhellende Worte zum traditionellen Fußballmatch erwartet hat, das ein jedes Wacken Open Air eröffnet, muss leider enttäuscht werden. Was dort geboten wird, ist kein Fußball, sondern seniorengerechtes Urnen-Turnen für Fortgeschrittene.

Gäste, die

„Für die Gäste nur das Beste“ liest man manchmal auf Emailleschild-Imitationen, die vorzugsweise in Besucherklos hängen. Diesen Spruch sollte sich das Triumvirat Hesse-Jensen-Hübner mal auf die Topflappen sticken. 50.000 Menschen einladen und dann nicht mal ein Sektchen zur Begrüßung bereithalten. Von den Toiletten wollen wir nicht schon wieder anfangen, deshalb geht es gleich weiter zu den Schlafgelegenheiten. „Klar könnt ihr bei uns übernachten, wir haben Platz“, hört man da immer wieder gerne. Besonders kurz vor Silvester, wenn plötzlich alle zwanghaft nach einer Party suchen, die nicht ganz so ätzend wird wie die im letzten Jahr. Kaum am Zielort aufgeschlagen und die ersten Bierchen verhaftet, klärt der Gastgeber auf, dass man sich das Zimmer „lediglich“ mit Roland, Jürgen, dem dicken Ulf, der fetten Katharina, den streng riechenden Zwillingen Müller und dem geistig behinderten Jungen von Gegenüber teilen muss, der natürlich nicht ohne seinen Rottweiler einschlafen kann.

„Platz ist in der kleinsten Hütte“ pflegt der Hausherr mit süffisantem Grinsen in solchen Momenten anzumerken, während dreiviertel aller Gäste verstohlen nach Taxigeld kramen. Genau so ist das in Wacken auch, nur ohne den Rottweiler und ohne Taxis, weil das zu teuer wäre. Womit wir eine elegante Überleitung zum nächsten Thema hätten.

Geld, das

Es gibt Schüler, die nehmen konzentriert am Unterricht teil, und wiederum andere lugen ihrer Banknachbarin Lieselotte lieber in den Ausschnitt. Wer sich selbst zur zweiten Kategorie zählt, kann einen Teil des damals durch vorsätzliches Spannen verpassten Stoffs in Wacken aufarbeiten, ohne sich wirklich anzustrengen.

Die Funktionsweise der Inflation zum Beispiel wird jedes Jahr aufs Neue anschaulich dargestellt. Inflation heißt übersetzt so viel wie Preisteuerungsrate, die vom Statistischen Bundesamt ermittelt wird.

Dafür nehmen die Beamten einen fiktiven Warenkorb und legen jeden Monat die gleichen Güter und Dienstleistungen rein. Beispiel: 1 Liter Milch, zwei CDs von Andrea Berg, drei Rinderlenden, zehn Stangen Ernte 23 für die Mama, eine Unfallversicherung für die Hauskatze und einen Blowjob bei Lieselotte für den Papa. Wenn für das gleiche Geld weniger im Korb liegt als im Monat zuvor, dann haben wir eine Inflation und dieser Wert wird einmal jährlich in der Tagesschau bekannt gegeben. So weit, so schön.

Nehmen wir unseren fiktiven Warenkorb mit aufs Wacken-Gelände (Der Korb ist fiktiv, also nicht existent, und kann deshalb auch nicht von der →Security eingezogen werden.), so stellen wir fest, dass hier eine Inflationsrate herrscht, wie weiland in der Weimarer Republik. Denn wo wir vor fünf Jahren noch zwei T-Shirts, sechs →Bier, drei Steaks in Tomatentunke und Knobi-Brot satt einsammeln konnten, bekommen wir heute nur noch eine kalte →Dusche und ein hohles Lachen. Hier von schleichender Inflation zu sprechen, wäre wohl nicht angebracht, Hyperinflation kommt der Sache schon näher. Und, berichtet die Tagesschau darüber? Nein, aber was will man von einer Sendung erwarten, die aufgedunsenen Sprechapparaten wie Jens Riewa oder Eva Hermann einen warmen Unterschlupf gewährt.

Wie auch immer, wer die Gewinner einer solchen Hyperinflation sind, liegt wohl auf der Hand, es sei aber daran erinnert, dass die Verlierer in solchen Fällen gerne mal Adolf Hitler zum Reichskanzler wählen. Wer dem jetzt nicht folgen konnte, belegt an der Volkshochschule bitte umgehend einen Kurs in Geschichte, denn bei solch eklatanten Wissenslücken hilft auch ein Besuch des Wacken Open Air nicht weiter. Oder für die ganz Blöden: Lasst euer Geld zu Hause, da ist es mehr wert.

Girls, nackige

Welches Rind hat eigentlich mit der schönen Tradition gebrochen, dass sich pro Wacken Open Air einmal eine oder gleich mehrere Hilfsschülerinnen auf einer der großen Bühnen nackig machen? Okay, auch heutzutage gibt es sie noch, die wandelnden Kraterlandschaften (Strippen scheint allgemein schlecht für die Haut zu sein.), die sich in Latex gehüllt um betrunkene Banger wickeln oder sich gegenseitig den Lipgloss verschmieren. Aber nur noch versteckt auf dem Metalmarkt. Ganz in der Ecke, wo man arabisch spricht und sich eh kein Schwein hin verläuft. Da stehen sie, Ulla und Trulla, die beiden Essener Bürofachgehilfinnen (jeweils knapp

an der Zwischenprüfung gescheitert), die so schön erotisch aus der geliehenen Wäsche gucken. Ein kompetenter Moderator darf dabei nicht fehlen, wer soll die Masse denn sonst vorheizen? „Hier kommen unsere beiden flotten Flöhe, die schlamperten Schnecken, unsere willigen Wacholderdrosseln.“ So ähnlich fabulierte sich 2004 ein Uwe Ochsenknecht-Doppelgänger durch das Tierreich, um uns zu vermitteln, dass Ulla und Trulla schon ganz feucht unter den Achseln sind. Aber kein Problem, es findet sich ja immer jemand, der das Zeug wegleckt. In diesem Beispiel hätte es der Moderator „notfalls“ wohl sogar höchstpersönlich erledigt. Sei’s drum, das ist auf jeden Fall großes Kino, das kann man doch nicht verstecken. Wer sind denn bitte *Helloween*, die haben doch (bis auf die Deris) nicht mal Titten.

Was war das schön, als *Rockbitch* 1997 *Subway To Sally* von der Mainstage kickten und ganz öffentlich zum kollektiven Orgasmus baten. Oder 1999 die Devil Girls den Lack rascheln ließen. Oder *Atrocity* im zweijährlichen Rhythmus ihre musikalischen Belanglosigkeiten mit Silikon auspolsterten. Oder 2000 erst, die großartige Chantal Chevalier. Der olle Tschechenbomber mit dem französischen (hihi) Pseudonym kann heute doch kaum älter als 55 Jahre alt sein. Die ist doch noch gut. Von dem ganzen anderen Frischfleisch (hihi) der Branche mal ganz abgesehen. Also ganz schnell wieder einführen (hihi) die Nummern (hihi). Möglichst auf der WET Stage (hihi), die kann man von hinten (hihi) öffnen (hihi). Ich würd mal steif (hihi) und fest (hihi) behaupten, das würde eine ganze Latte (hihi) von Leuten reizen (hihi). Und überhaupt.

Hieß das Motto nicht: Harder! (hihi) Faster! (hihi) Louder! (hihi)? Also, Titten auf die Theke und Fleisch beim Salat. Das hier ist immer noch ein Metal-Festival und kein Freiluftpuff für hormonell gestörte Frühpensionäre. Wie? Äh. Na ja. Hm. Hihi ...

Gribbohm, Örtchen

Um hier ausnahmsweise mal der Wahrheit die Ehre zu geben: Dieses Buch müsste eigentlich „Zwischen Aasbüttel und Vaalermoor – Die Wahrheit über Gribbohm" heißen. Denn: Skandal! Das Wacken Open Air findet größtenteils auf dem Gelände der Nachbargemeinde Gribbohm statt.

Bühnen, Zelt- und Parkplätze, alles aber so was von in Gribbohm und eher mal überhaupt nicht in Wacken. Also ist es an der Zeit, sich vor dem 400-Seelen-Gemeindchen zu verbeugen und den großen Bruder Wacken, der sich den Ruhm seit Jahren unverdientermaßen ans Revers heftet, links liegen zu lassen.

Gribbohm liegt logischerweise in Schleswig-Holstein, gehört zum Landkreis Steinburg und verwaltungstechnisch zum Amt Schenefeld. Die Koordinaten lauten: 9.35 / 9 Grad 20' 60" in der Länge und 54.0333 / 54 Grad 1' 60" in der Breite.

Unter www.gribbohm.de ist leider nicht der fast berühmte Ort zu erreichen, sondern Gisela Runge, geborene Gribbohm. Die ältere Dame lächelt uns von der Startseite entgegen, während im Hintergrund die gedeckten Tische eines Landgasthofes auf Kundschaft warten. Äh, das war's dann aber leider auch. Sowohl Gisela Runge (geb. Gribbohm) als auch Gribbohm (der Ort) haben uns nicht mehr zu sagen. Wahrscheinlich der Minderwertigkeitskomplex, hervorgerufen durch die jahrelange Bevormundung des schier übermächtigen Nachbarn.

Ja, und auch die Fans tragen daran Mitschuld. Den →Müll in Gribbohm hinschmeißen, aber ein T-Shirt mit Wacken-Aufdruck tragen. Ich persönlich fühle mich jedenfalls moralisch verpflichtet, meinem kompletten W:O:A-Merchandising das W zu nehmen und überall ein G einzusetzen. Wenn das alle machen, heißt es spätestens in fünf Jahren: True, Truer, Truthahnbraten! It's Nice To Get Drunk In Gribbohm!

Handys, die

Alljährlich sieht man sie wieder. Die Bekloppten, die vor einer der → vier Bühnen stehen und stolz ihr Handy in Richtung Lautsprecherboxen halten. Früher hat man den Daheimgebliebenen noch erzählt, wie es war, heute überträgt das Mobiltelefon live und wenn möglich, werden mit dem gleichen Gerät noch zwanzig lächerlich verschwommene Fotos geschossen. „Ja, hier spielen gerade *Cannibal Corpse*. Hab voll den Hammer inner Fresse. Wie? Was? Du verstehst mich nicht? Ich dich auch nicht. Warte, ich halt das Handy noch mal hoch." Was zur Hölle soll dieser Mumpitz? Selbst wenn da am anderen Ende der Leitung der weltgrößte *Cannibal Corpse*-Fan lauscht, mehr als ein „Grrrzzzmmmpppfff" wird er wohl kaum heraushören. Denn was für das menschliche Ohr vor Ort vielleicht gerade noch verarbeitbar ist, wird durch ein stecknadelkopfgroßes Billigmikrofon gejagt und via Satellit einmal durch den Orbit und zurück geschossen. „Grrrzzzmmmpppfff" all over the world.

Mein persönlicher Vorschlag: Diese fliegende Kamera, die an Seilen gezogen über das Publikum hinwegsaust, mit einer kleinen Sense ausstatten und wenn da noch einer die dreckige Flosse samt Sabbelbox in die Höhe streckt, weg damit. Suppt vielleicht ein bisschen, ist der Atmosphäre einer *Cannibal Corpse*-Show aber sicher zuträglicher als ein Meer aus silbrig glänzendem High-Tech-Schnickschnack.

Und was diesen tuntigen Info-SMS-Service angeht, bei dem man für 10 Euro 1,99 SMS rund um das W:OA zugeschickt bekommt: Dafür, liebe →Veranstalter, kommt ihr garantiert in die Hölle!

Headliner, der

„Guten Abend, wir sind *Saxon*." „Ach was, hätt ich jetzt nicht erkannt." Der regelmäßige Wacken-Gast dürfte diese Combo samt ihrem versifften Anhang (*Motörhead*) in den letzten Jahren öfter gesehen haben als die eigenen Eltern.

Headliner werden ja eigentlich gebucht, um mit ihren Namen viele Fans auf das Festivalgelände zu locken. Es geht also nicht um die, die eh jedes Jahr aufschlagen, sondern um die so genannten Wechselwähler. Menschen, die mal NPD und mal PDS wählen, beziehungsweise in diesem Jahr nach Balingen fahren, im nächsten nach Abtsgmünd und im übernächsten nach Roitzeh ... Rotzschj … na ja, da hin, wo die Menschen mal NPD und mal PDS wählen. In Wacken scheint sich das jedoch anders zu verhalten. Hier bucht man eher die Bands als Headliner, von denen man weiß, dass die Mehrheit der Fans nicht schreiend das Weite sucht.

Also *Saxon* und *Motörhead* oder *Saxon* (mit Adler) und *Motörhead* (mit Bomber) oder aber *Saxon* (mit Adler) und *Motörhead* (ohne Bomber) oder möglicherweise *Saxon* (als Überraschungsgast) und *Motörhead* (offiziell) oder vielleicht noch *Motörhead* (mit Lemmy) und *Saxon* (mit Biff), aber dann muss auch gut sein mit dem Herumexperimentieren. Denn wer weiß, was passiert, wenn da plötzlich wirklich mal Manowar, *Iron Maiden*, *Judas Priest* oder *AC/DC* auf der Bühne stehen? Vielleicht pfeift der Mob die unbekannten Gesichter von der True Metal Stage, weil die gar kein „Wheels Of Steel" oder „Ace Of Spades" im Programm haben? War doch immer so, war doch immer schön, kann doch bitte schön so bleiben.

Mir persönlich würde es für den Anfang jedenfalls völlig reichen, wenn Biff und Lemmy einfach mal die Klamotten tauschen. Oder den Drummer. Wenn das klappt, können wir uns fürs W:O:A 2009 vielleicht mal über einen neuen Headliner unterhalten.

Bloß nichts überhasten, denn wie sagte der damalige Trainer von Real Madrid John Toshack so weise: „Am Montag nehme ich mir vor, zur nächsten Partie zehn Spieler auszuwechseln. Am Dienstag sind es sieben oder acht, am Donnerstag noch vier Spieler. Wenn es dann Samstag wird, stelle ich fest, dass ich doch wieder dieselben elf Scheißkerle einsetzen muss wie in der Vorwoche." Keine weiteren Fragen.

Heimschläfer, poserhafte
Nachdem das →Campingareal bereits einer genauern Betrachtung unterzogen wurde, ist es nun an der Zeit, sich um die poserhaften Heimschläfer zu kümmern.
Heim meint in diesem Fall übrigens nicht „zu Hause", denn das dürfte maximal 0,89 Prozent der Wacken-Besucher betreffen. Vielmehr geht es hier um die Schlappschwänze, die ihren Arsch in Pensionen oder Hotels unterbringen und sich somit der nächtlichen Hardcore-Party entziehen. Beim Bund gibt es für ein solch fahnenflüchtiges Verhalten Stromstöße bis die Schneidezähne qualmen beziehungsweise ein Reporter vom Spiegel den Skandal aufdeckt. Solche Wimmerlinge gehören nicht zur Truppe, das ist nicht true! Sagen jedenfalls die Zelter, die in diesem Fall in der Überzahl sind.
Ich als Pensionsschläfer sage jedoch: Leckt mich am Arsch. Ein Bett ist was feines, frischer Kaffee auch und bevor ich mir auch nur eine Nacht um die Ohren schlage, weil der Blödmann nebenan morgens um fünf die *Excrementory Grindfuckers* hören muss, verzieh ich mich lieber in mein Einzelzimmer. All Hail To abschließbare Türen!

Helga, die
Mystische Sagengestalt (weiblich), die bis heute bei Freiluft- und Hallenmusikveranstaltungen auftaucht. Ist auf der ganzen Welt gesehen worden, hat ihren Ursprung aber wahrscheinlich in den USA (oder im Zweifelsfall bei den Kelten).
Ihr Äußeres wird wie folgt beschrieben: Langes, weißes Gewand, vier Köpfe (zwei dunkelhaarig, einer blond, einer ohne alles aber mit Tattoos), acht Arme, acht Beine und 'ne große Klappe. Dabei jedoch leider nur mit anderthalb Gehirnen gesegnet. Wenn sie auftaucht, wird es dunkel, kalt, laut, böse und teuer (Eintrittskarte, Merchandising etc.).
Die umbarmherzige Göttin des Totschlagens streift oftmals über Camping- und Parkplätze, wenn die Ex-Thrash-Giganten von *Slayer* in der Nähe sind. Deren Fans sind auch das bevorzugte Opfer der Helga, die sich nur besänftigen lässt, wenn man laut ihren Namen brüllt und dabei ein Gesicht macht wie ein Epileptiker vor einem Stroboskop.
Anno 2003 wurde die Sagengestalt erstmals im schleswig-holsteinischen Wacken gesehen, die Erscheinung entpuppte sich jedoch als Trugbild.

Sabina Claasen von *Holy Moses* – in einen weißen Bademantel gehüllt – hatte einfach den falschen Durchgang gewählt und war nicht in der Backstage-Dusche, sondern auf dem Hauptgelände gelandet. Kein Wunder, dass die Totschläger irritiert waren und den Lautstärkeregler verkehrt herum bedienten.

Internet,www.wacken-open-air.de

Bereits die Startseite des multimedialen Festivalabbildes wartet mit einer Drohung auf: „Countdown to W:O:A - 230 Days" prangt da schon kurz vor Weihnachten auf dem Schirm. Zu einer Zeit also, wo das Schlafdefizit des letzten Festivals noch nicht mal egalisiert ist.

Tritt der geneigte Benutzer dann in die deutschsprachige Abteilung ein, so findet er rechts die neuesten Neuigkeiten und links eine Navigationsleiste, die ziemlich genau 14 Verweise der ausgewählten Sprache bereithält. Die circa 30 anderen Links sind in Englisch beziehungsweise Denglisch verfasst, diesem ekelhaften Sprachbastard, der bevorzugt von pseudowichtigen Journalisten und Promo-Trullas verwendet wird. „Wenn du dann in London gelandet bist, machen wir ein Briefing, dann geht's zur Location, wo die Band performt, und bei der Aftershow-Party haben wir 'n Meet And Greet, you know?" Ja, ich know. Wäre aber trotzdem nice, wenn du ab jetzt die fuckin' Fresse hältst. Ungefähr auf diesem Niveau bewegen sich auch die Verweise der Homepage, wo „Metal Travel", „Warm Up Parties" oder der „W:O:A Soccercup" auf den Mouse … sorry, Mausklick warten.

Und wehe es kommt mir jetzt einer mit der großen, internationalen Metal-Familie. In diesem Fall müssten mindestens noch ein paar altjapanische und kyrillische Schriftzeichen eingefügt werden, wegen der Globalisierung und so. Es ist echt zum Heulen. Tendenziell lustig ist hingegen das Forum (unter Community …), weil immer alle darauf warten, dass sich „ein Verantwortlicher" zu Wort meldet, um irgendeine Furzfrage zu beantworten. Passiert natürlich selten, und wenn doch, stürzt sich der ganze Mob auf „den Verantwortlichen", um ihn mit noch dusseligeren Anschlussfragen gleich wieder in die Kaffeepause zu jagen.

Zwischendrin (also rund 340 Tage netto im Jahr) beschimpfen sich die Wacken-Besucher gegenseitig, weil irgendein Wahnsinniger zum

Beispiel *Rammstein* auf dem W:O:A sehen will (beziehungsweise so tut, als ob) und andere Wahnsinnige das auch toll finden, diverse nicht ganz so Wahnsinnige aber munter dagegenhalten, weil, wenn überhaupt, dann doch wohl *Children Of Bodom* und so weiter. Kein Wunder, dass das Festival immer so friedlich abläuft, die Damen und Herren sind bei ihrer Ankunft schon alle völlig leer gemeckert.
Nicht minder ulkig ist das Beobachten der Rubrik „Lost And Found" (…), in der sich doch tatsächlich auch ein halbes Jahr nach Räumung des Geländes Menschen melden, die plötzlich ihr Ladegerät fürs Handy vermissen. Was sind denn das für Muschelschubser, die 4.380 Stunden benötigen, bis sie raffen, dass ihnen was fehlt? Und was sind das überhaupt für Handys, deren Akkus ein halbes Jahr halten? Fragen, die wahrscheinlich die Rubrik „Questions & Answers" (…!) beantwortet, aber irgendwann ist mal gut mit Englisch, das macht auf Dauer nämlich Insane In The Brain, you know?

Itzehoe, in der Nähe von
So wird er umschrieben, der sagenumwobene Ort Wacken in Schleswig-Holstein. Keine Ahnung, welcher Landkartenlegastheniker auf diese Idee gekommen ist, aber wenn Wacken in der Nähe von Itzehoe liegt, dann gehört München zu Slowenien.
Ich möchte gar nicht wissen, wie viele Schweden, Norweger und Peruaner auf diesen Trick hereingefallen sind und sich gedacht haben: Die Kohle fürs Taxi sparen wir uns, wenn's in der Nähe liegt, gehen wir zu Fuß. 22 Kilometer später dürfte ihnen die Erkenntnis gekommen sein, dass „in der Nähe" relativ ist. In diesem Fall relativ weit weg.
Vielleicht verliert man in der Tiefebene so kurz vor der endlos weiten Nordsee ein bisschen das Gefühl für Entfernungen, in der Nähe heißt für mich nämlich immer noch um die Ecke und nicht irgendwo hinter Madagaskar. Und wenn dann noch nicht mal eine Tankstelle auf dem Weg liegt (Die A23 dürfte die einzige tankstellenfreie Zone dieser Republik sein.), wo der arme Peruaner seine Biervorräte auffüllen kann, dann fühlt er sich zu Recht verarscht. Also, liebe →Veranstalter, entweder ihr streicht dieses „in der Nähe von" aus euren Ankündigungen oder ihr baut ein Laufband vom Itzehoer Hauptbahnhof bis direkt vor die True Metal Stage. Ich warte.

Jak, das
Langhaariges Rind, auch Grunzochse genannt, und damit das Heavy Metal-Tier überhaupt. Kann mit seiner Monstermatte in vier verschiedene Richtungen gleichzeitig bangen, säuft →Bier und scheidet brennbaren Kot aus. Verwandt mit der →Kuh aus Wacken, allerdings bloß verschwägert (mütterlicherseits). Leider ist das Jak nur äußerst selten in Wacken anzutreffen, weil es in Tibet lebt, und die haben da noch keine Billigflug-Airlines. Schade drum.

Jungfrauenabschied, der
Dass Wacken ein großes und wichtiges Festival ist, muss sich auch bis in das hinterletzte Dorf dieser Republik herumgesprochen haben. Ein untrügliches Zeichen dafür ist das plötzliche Auftauchen von folkloristischen Gebräuchen, die in Gemeinden mit über 500 Einwohnern kurz nach dem Dreißigjährigen Krieg abgeschafft wurden.
Nicht so bei unseren Freunden aus Tittenkofen, Nackterwäldchen oder Poppenhausen, da wird noch so manche „gute“ Tradition gepflegt. So erblickten 2003 nicht wenige der müden Augenpaare einen tobenden Mob, der einen Jungspund vor sich her trieb. Mit verbundenen Glotzern und allerlei Ekelkram überzogen, musste das Bürschchen vor und auf dem Gelände diverse Erniedrigungen über sich ergehen lassen. In der Hand hielt es ein Schild mit der Aufschrift „Wacken-Jungfrau“ oder so ähnlich. Sehr lustig und bestimmt auch irgendwie sinnvoll, wäre nur toll, wenn die Jungen Gesellschaften, Freiwilligen Kegelvereine und alle anderen geistigen Blaskapellen ihre Aufnahmerituale nicht eins zu eins aufs Wacken Open Air schleppen würden. Das ist nämlich eine Kulturveranstaltung und keine hirnlose Massenparty, wo sich sinnlos besoffen wird. Äh, was hab ich da gerade geschrieben? Ach, macht doch was ihr wollt.

Kanonenfutter, das
Interne Bezeichnung für Bands, die zwischen 10 und 13 Uhr auf die vom Frühnebel umhüllte Bühne müssen. Meist reist diese Semi-Prominenz im geliehenen Kleinlaster (VW) an und erfährt schon am Eingangstor, welchen Status sie hier vor Ort genießen. „Ihr seid *Angel Dust*? Kenn ich nicht“, bescheidet der Torwächter, um die verdutzten Künstler an

die Tageskasse zu schicken. Da könnte schließlich jeder kommen, und irgendwie sehen diese Langhaarigen ja auch alle gleich aus. Fähige Bands gelangen irgendwie für lau aufs Gelände, während Frischlinge hier das erste Mal Lehrgeld zahlen.
Ist man dann endlich →Backstage, gilt es, den zuständigen Stage-Manager zu finden. Der hat in der Regel total viel Lust, sich mit Lokalgrößen der Marke *Angel Dust*, *Dark Age*, *Paragon* oder wie sie auch immer heißen herumzuschlagen und versteckt sich deshalb gerne im Gebüsch.
Dreißig Sekunden vor dem Auftritt hüpft er hervor, schreit die verdutzte Band an, dass es jetzt losgeht und jedwede Verzögerung von der Spielzeit abgezogen wird. „Anders ist so ein Mammutfestival nicht zu bewältigen. Von den 40.000 Fans da draußen warten maximal sieben ausgerechnet auf euch. Wenn überhaupt. Durch so eine Trümmerkapelle wie ihr es seid, verkaufen wir nicht eine Karte mehr. Merkt euch das." Sagt der Stage-Manager, der es wissen muss und durch seinen kleinen Vortrag so nebenbei auch noch die letzten 30 Sekunden für den Soundcheck verplempert hat.
Da ja allgemein bekannt sein dürfte, dass auch die hinterletzte Kellercombo für die Dauer eines Soundchecks zu *Dream Theater* mutiert und auch die dünne Seite des Basses zehn Minuten lang justiert haben möchte, gibt es, milde ausgedrückt, ein wenig Missstimmung. Diese entlädt sich in einem überragenden (Meinung der Band), grottenschlechten (Meinung des Stage-Managers), netten, aber unspektakulären (Meinung der 350 anwesenden Fans) Gig.
Lohnt sich dafür der Aufwand? Für die Band mit Sicherheit, denn erstens belegen sie mit ihrem Schriftzug einen halben Quadratzentimeter auf dem offiziellen Festival-Shirt und zweitens können sie vor der Freundin damit prahlen, vor 80.000 Menschen gespielt zu haben.
Moment, wieso 80.000? Nun, 350 Leute standen vor der Bühne. 39.650 lagen in ihren Zelten/im Koma, watschelten durch den Ort oder über das Gelände, tranken →Backstage eine Limonade, versorgten Verletzte, gingen Streife oder fuhren zufällig am äußersten Rand der Umzäunung mit dem Auto vorbei. Die zählen natürlich alle mit, so dass als Zwischensumme 40.000 Fans festzuhalten sind. Da Musiker ihre wahren Zuschauerzahlen grundsätzlich verdoppeln, ohne es zu merken, geht die Rechnung am Ende wieder auf. Dieser Verdoppelungsfehler ist genetisch

bedingt und tritt im Übrigen auch bei Autoren auf, die von ihrer letzten Lesung berichten. Das aber nur nebenbei.

Kindergeburtstag, kein

Gerne vorgetragene Floskel der →Veranstalter, wenn es ein Besucher wagt, sich über die Gegebenheiten vor Ort zu beschweren. Beispiel:
Fan: „Ich finde es nicht okay, wenn ich für einen Becher mit lauwarmem

→Bier zwei Bürgen mitbringen muss, die meine Kreditfähigkeit bescheinigen."
Veranstalter: „Na und, das ist hier kein Kindergeburtstag!"
Wohl wahr, das Wacken Open Air ist mitnichten ein Kindergeburtstag, zumindest nicht auf den zweiten Blick. Auf den ersten hingegen unterscheiden sich beide Veranstaltungen nur marginal. Verzogene Bälger springen im →Matsch herum, veranstalten dabei einen Heiden(?)krach und die Nachbarn beschweren sich. Ruhe herrscht erst, wenn die (bunten) Tüten kreisen und dann geht's auch schon wieder heim zu Mutti. Dort bekommt Bübchen einen Satz heiße Ohren verpasst, weil die Flecken aus der neuen Hose niemals wieder rausgehen. So weit, so gut, aber warum drehen wir den Spieß nicht einfach um?
Geplagte Eltern könnten vom W:O:A jedenfalls eine Menge lernen. Stellen wir uns einfach vor, der fünfjährige Patrick lädt seine Spielkameraden zum Kindergeburtstag ein. Vorm Haus steht Papa in einer orangenen

Weste und kassiert für jedes Dreirad 30 Euro Parkgebühr. Dafür dürfen die Lütten aber auch auf dem Grünstreifen campen, wenn sie mögen. Für den Eintritt ins Kinderzimmer werden 70 Euro fällig, was erstmal viel erscheint, bei genauerem Nachrechnen aber wieder günstig ist. Schließlich dürfen die Zwerge mit diesem Ticket auch ins Wohnzimmer, in den Flur, ins Gästezimmer, in die Küche und aus dem Fenster gucken.
Außerdem gibt es ein →Bändchen, auf dem „Patricks Kindergeburtstag 2005" steht. Doll. Ein Becher Fanta kostet 5 Euro (Pfand nicht vergessen!), die Nudeln, die Oma mittags nicht mehr essen wollte, 9 Euro. Wer davon Durchfall bekommt, hat ein Problem, denn für die Sickergrubenbenutzung im Garten müssen 2 Euro berappt werden. Dafür wird die Grube aber regelmäßig geleert. Ungefähr alle zwei Jahre und die letzte Leerung war gerade vorgestern. Schade. Rumtoben, Spielsachen vom Geburtstagskind kaputtmachen, heimlich in die Mirkowelle pupsen, bunte Tüte abgreifen und wieder raus. Vor der Tür warten schon die Bullen, die die Dreiradkolonne genauer unter die Lupe nehmen. Die Tüten werden natürlich sofort eingezogen, und wer überzuckert am Lenker sitzt, kommt in U-Haft. Das Leben ist schließlich (k)ein Kindergeburtstag.

Kuh, die
Die Wacken-Kuh als solche steht zum Beispiel in der Nähe der Campingplätze N in Richtung →Gribbohm und wundert sich. Zumindest wirkt es so, wenn man ihren Gesichtsausdruck eingehender betrachtet. Aber man muss ja auch Verständnis haben, denn wie würden wir gucken, wenn 362 Tage im Jahr die totale Idylle herrscht und ganz plötzlich eine Horde schwarz gefleckter Kühe und Stiere muhend am Küchenfenster vorbeizieht, mit Ringen in der Nase und insgesamt eher

bescheidenen Umgangsformen? Wir würden die Polizei rufen, uns beim Bürgermeister beschweren und vorsorglich den Nachbarn verklagen. Das alles tut die Wacken-Kuh nicht. Sie kaut ein bisschen Gras, wackelt mit den Ohren und dankt ihrem Schöpfer dreimal täglich, dass ihr Euter bloß Milch und kein →Bier enthält. Andernfalls wäre die Wacken-Kuh nämlich schon längst ausgestorben.

Lokomotive, zügige

Uiih, was ist das Gebrüll groß, wenn de schwäbsche Eisebahne in den Bahnhof einfährt. Hunderte Männer schmeißen vor Begeisterung mit Dosenbier, hissen Fahnen und schubsen ältere Damen mit Hund aufs Nachbargleis. Es geht via Ruhrpott gen Norden, wo weitere bierbedoste Fahnenrüpel auf die Ankömmlinge warten. Einmal Klassenkeile für umsonst, dann gehen alle ins Stadion, gucken VfB Stuttgart gegen den HSV und hauen sich auf dem Rückweg wieder die Mappe voll. Ein ganz normaler Bundesligaspieltag, irgendwann im März.

Am ersten Augustwochenende aber wird die besagte Strecke ein weiteres Mal von gar urig betrunkenen Menschen frequentiert, denn der Metal

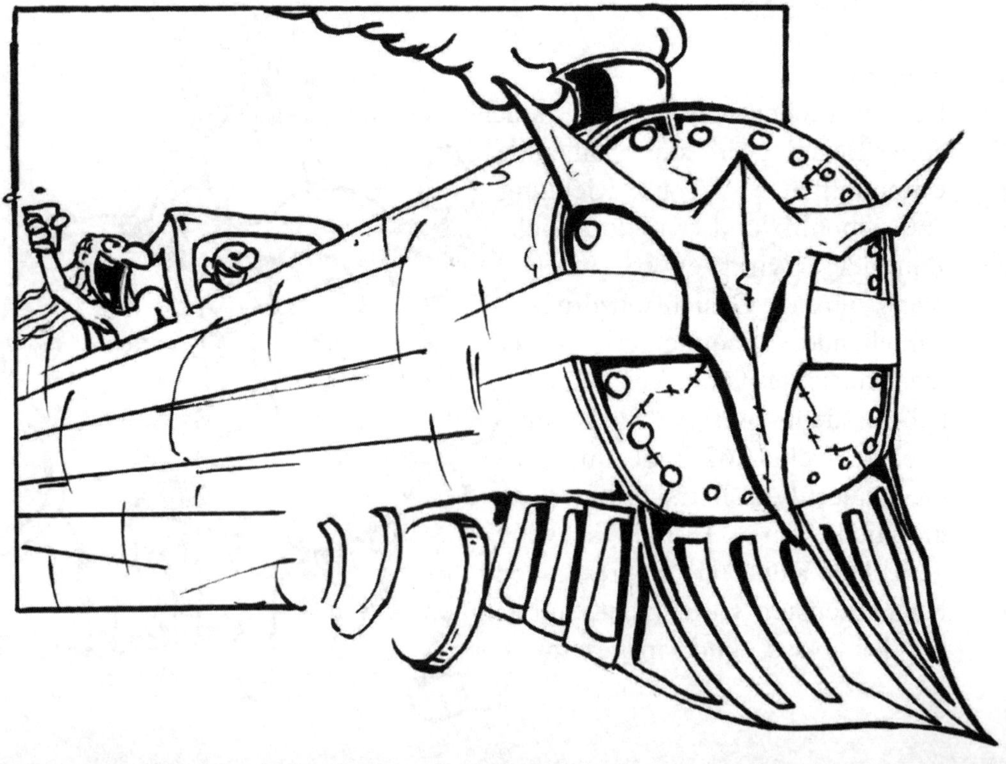

Train bahnt sich seinen Weg. Zwar nicht über Ulm und Biberach, Mekkebeure, Durlesbach, sondern über Mannheim, Mainz und Essen, aber das macht die Sache ja nicht besser.
Seit 2002 mieten ein paar halbstarke Finanzbeamte mit schlechtem Klamottengeschmack (siehe www.metaltrain.de; die Crew) ausrangierte Viehwagons der Reichsbahn, um damit Schwaben und ähnliches Getier aufs W:O:A zu verfrachten.
Für durchschnittlich 100 Scheinchen ist der Süddeutsche dabei, bekommt neben der Beförderung ein Überraschungspaket (200 gr. Blutwurst, 1 halbe polnische Eselssalami, 1 Paar Puschen aus Lammfellimitat, 1 Wärmflasche in Herzchenform), eine Metal Train-CD (Die 50 schönsten Bahnhofsdurchsagen von Aasbüttel bis Zwickau) sowie eine Versicherung. Die greift jedoch nur dann, wenn ein unbekanntes Flugobjekt den Zug bei Vollmond rammt und zum Entgleisen bringt (Selbstbeteiligung 100.000 Euro).
Was der Schwabe nicht kriegt, ist ein Ticket fürs W:O:A, aber das ist praktischerweise im Fanshop des Metal Train erhältlich. Wer bei dieser günstigen Gelegenheit noch zum modischen Metal Train-Sweatshirt und/ oder Basecap greift, hat das durchschnittliche Jahreseinkommen eines Hartz IV-Beziehers verjuxt und noch nicht ein →Bier getrunken. Das wiederum gibt es gegen Herausgabe von handelsüblichem Münzgeld in der Metal Train-Bar, die durchgehend geöffnet hat. Genauso wie der integrierte DJ-Stand, der die Reisenden laut Eigenwerbung mit allem versorgt, was „laut, hart und schnell ist".
Außerdem könne man „mit gleich gesinnten Rockfans plaudern, →Bier trinken, Party machen." Also alles das, was man nach drei Tagen in Wacken garantiert nicht mehr braucht. Trotzdem wollen angeblich immer mehr Verrückte mitfahren, weshalb demnächst wohl eine zweite Huschhusch installiert wird.
Großartig, da zitiert der bekennende Autofahrer doch lieber noch eine Zeile aus oben angerissenem Liedgutklassiker („Auf de schwäbsche Eisebahne könne Kuh und Ochse fahre") und studiert weiter die Angebote im Fan-Shop. Wenn ich da noch einen Vorschlag für die rückseitige Bedruckung des Kapuzensweaters machen dürfte: „Later Than Hell" hätte was.

Leichen, lebende
Das mögliche Endprodukt der Kugelmünd'schen Parabel beziehungsweise des „Härter, schneller, lauter"-Prinzips (→Bier, mehr). Spätestens ab 19 Uhr sinkt ein nicht geringer Teil der Besucher jeweils an Ort und Stelle in einen komatösen Tiefschlaf, als hätten sie das Zepter von König Alkohol höchstpersönlich über die Omme gezogen bekommen.

Einfach umfallen geht im normalen Leben nicht, weil früher oder später ja doch mal eine Straßenbahn oder ein Schwerlasttransporter drüberrumpeln könnte. Und dann ist Sense mit Living Dead und so.

Auf dem Acker hingegen ist außer torkelnden Mitmenschen nichts zu befürchten, was der eine oder andere Commerzbankangestellte zum Anlass nimmt, mal richtig Spaß zu haben. Im Fachjargon heißt diese Übung „Lampen ausschießen", was aber voraussetzt, dass da vorher was geleuchtet oder zumindest geglimmt hat. Sei's drum, an der frischen Luft 'ne Runde pennen, den Kopf an ein uringetränktes Eisengitter gelehnt, kann ja auch was Erfrischendes haben.

Anno 2001 entschieden sich allerdings selbst für Wacken-Verhältnisse auffällig viele Fans für diese Variante der Naherholung, was zur Folge hatte, dass *Motörhead* vor 1.253 wachen und circa 17.500 schlafenden Fans aufspielten. Muss für die Band ein blödes Gefühl gewesen sein. Auf der anderen Seite ist es nicht sicher, ob Gitarrengott Phil Campbell je auch nur einen *Motörhead*-Gig in halbwegs wachem Zustand erlebt hat, insofern also auch wurscht. Für den aufgeweckten Beobachter ergibt sich nachts, wenn die letzten Töne von den Bühnen verklungen sind und das Räumkommando das Gelände absperrt, jedoch ein besonderes Spektakel. Nach und nach erheben sich die weit verstreut liegenden Leichen aus ihrer Starre und wanken mit ungelenken Bewegungen dem hell erleuchteten Ausgang entgegen. Wenn jetzt noch ein bisschen Nebel über der Restwiese liegt, entsteht ein Bild, das Kinofans das Wasser im Mund zusammenlaufen lässt. George A. Romero, Regisseur von „Night Of The Living Dead", musste für solche Effekte jedenfalls viel →Geld auf den Tisch legen.

Maisfeld, stinkendes

Gut Dung will Weile haben, möchte man kalauern, wenn man zusieht, wie sich Freunde und Verwandte genüsslich den Mais zwischen die Zähne schieben. Auch das Popcorn erfreut sich, zumindest in meinem cineastisch veranlagten Bekanntenkreis, ungebrochener Beliebtheit.

Ich persönlich gehe da nicht dran, denn ich bin jedes Jahr in Wacken und weiß, was im Boden vor sich geht. Und was mindestens genauso schlimm ist: Ich weiß nicht, an wen der Bauer, dem dieses duftende Feld gehört, seine geernteten Früchte liefert. Selbst wenn es nur Futtermais sein sollte, die Gefahr ist mir einfach zu groß.

Ich möchte auch nicht wissen, wie der Boden im Spätherbst zur Erntezeit aussieht, was genau sich die einzelne Pflanze aus 800 Kilo (vorsichtig geschätzt) internationalem Kot herauszieht und wie sie es verarbeitet. Und wer von den polnischen Saisonkräften als erster über das Feld watet, um nach Kaninchen, Glasflaschen oder festgefrorenen faustgroßen Haufen zu suchen, bevor der Häcksler drüber geht, interessiert mich ebenfalls nicht. Ich esse einfach keinen Mais und damit gut.

Matsch, matschiger

Der Stoff, aus dem das W:O:A gebaut ist. Im Grunde nichts anderes als ein Gemisch aus Sand und mineralischen Teilchen, das nass geworden ist.

Laut Dr. Alexander Stahr (den gibt es wirklich) rutscht der Mensch deshalb auf Matsch aus, weil das Wasser im lehmhaltigen Boden nicht schnell genug entweicht und der Schuhsohle (samt Körpergewicht) keine Reibefläche bietet – ähnlich dem Aquaplaning beim Autofahren. Sagt der Dr. Stahr. Warum pro Jahr mindestens 20 Handlampen mit Anlauf in die Matschepampe springen, um dann vollgemodert über das Festivalgelände zu toben, wie Spongebob auf Acid (Okay, das ist eine Tautologie.), weiß der alte Klugscheißer Dr. Stahr aber leider nicht.

Die Homepage www.matsch.de hilft auch nicht weiter, da führt uns ein Privatmensch eindrucksvoll vor, warum man das Internet als solches hassen muss. Wer Zeit hat, seinen Familienstammbaum sowie Fotos seines Babys und seiner Zimmerpflanzen (!) ins Netz zu stellen, sollte zur Strafe 100 Stunden gemeinnützige Arbeit verrichten. www.matsch.net gehört Mathias Lösch und wer jetzt die ersten drei Buchstaben des

Vor- und die letzten drei des Nachnamens zusammensetzt, hat den Gag dieser Seite auch schon zur Gänze begriffen. Daneben gibt es ein paar Strandbilder und ein Linkverzeichnis mit Geheimtipps wie Google oder Heise.
www.matsch.org ist jedoch noch frei, und es wäre sehr schön, wenn sich die jemand aus der werten Leserschaft sichern könnte, um die oben aufgeworfene Frage nach den Handlampen in der Matschepampe schlüssig darzulegen. Ich surfe ab jetzt immer mal wieder vorbei.

Met, plörriges
Nicht zu verwechseln mit dem Mett, einer geschwürartigen Masse aus Schlachtabfällen, die mit Zwiebelwürfeln und Pfeffer veredelt allerdings eine schmackhafte Brötchenauflage fürs zweite Frühstück ergibt.
Met hingegen ist ein Modegetränk – quasi ein Alcopop für Rocker – und schmeckt wie destillierte Bienenkacke. Das ist nicht verwunderlich, schließlich handelt es sich bei diesem Gesöff um Honigwein, der – und hier haben wir den Knackpunkt – das Lieblingsgetränk der Germanen gewesen sein soll. Langhaarige Männer, die mit glasigen Augen um ein Feuer hocken und den Göttern Blitz und Donner huldigen. Doch, das klingt nach Heavy Metal, und auch wenn der Scheiß mittlerweile auf jedem Altstadtfest angeboten wird, nirgendwo ist er so zu Hause wie auf dem Wacken Open Air. Der maroden Bretterbude schnell noch ein paar Hörner aufgesetzt und schon kommen sie angeströmt, die legitimen Nachfahren der Sieger der Varusschlacht (2:1 nach Verlängerung), um für 3 Euro pro Pfützchen der glorreichen Vergangenheit zu huldigen. Nie würden sie Eierlikör trinken, obwohl der ähnlich süß schmeckt, nie am Amaretto nippen, weil das weibisch wäre. Aber der Göttertrunk, der darf die Kehlen hinab fließen, bis der Blutzuckerspiegel Rumba tanzt.
Warum das Zeug Göttertrunk genannt wird, ist schnell erklärt: Da sich die Germanen die Wirkung des Alkohols nicht erklären konnten, maßen sie dem zufällig in freier Natur entdeckten Honigwein besondere Kräfte zu. Mit anderen Worten, die wären auch vor einem Kümmerling auf die Knie gesunken und hätten die Piemont-Kirsche zur Gottheit erklärt. Was das über heutige Met-Trinker aussagt? Gar nichts. Nee, wirklich gar nichts …

Metal, Heavy

Ursache für den ganzen Zinnober auf dem Acker. Wer sich Standardwerken der stählernen Aufklärung wie „JGTHM", „Schmerztöter" oder „Einführung in die handwerkliche Metallverarbeitung" bisher konsequent verweigert hat, hier ein Überblick über die wichtigsten Geschehnisse:

Ca. 15 Milliarden Jahre v. Chr.: Urknall; Metall, Feuer, Krach, alles da. *Manowar* gründen sich. Holger Hübner gründet auch was, sein erstes Unternehmen (Ich-AG).

Ca. 2,5 Millionen Jahre v. Chr.: Erste Werkzeugfunde belegen: *Manowar* bauen sich Instrumente. *Gwar* nicht. Die letzten Dinosaurier (Lemmy und Ozzy) halten sich wacker.

3250 v. Chr.: Eric Adams versucht, so etwas Ähnliches wie Texte zu schreiben. Dabei entsteht in Uruk (Mesopotamien) die älteste Schrift der Welt. Zwei Minuten später hat der zufällig anwesende Holger Hübner einen Vertrag aufgesetzt, der ihm die Weltherrschaft sichern soll. Gott unterschreibt versehentlich und schickt umgehend seinen Sohn Jesus zur Erde, um das Malheur rückgängig zu machen. Jesus bleibt jedoch für die nächsten 3250 Jahre im Sternenstau(b) hängen. Immerhin: Die gelben Engel und das Rote Kreuz (…) bringen Tee vorbei.

2615 v. Chr. Hübner trifft Thomas „Imhotep" Jensen (man beachte die markante Kinnform) in Ägypten, teilt mit ihm die Weltherrschaft und errichtet in Saqqara den ersten pyramidenförmigen Monumentalbau, beziehungsweise das erste Wacken-Büro der Menschheitsgeschichte.

333 v. Chr.: Alexander der Große gewinnt bei einer Benefiztombola in Issos 20.000 Perserteppiche. Davc Murray und Steve Harris beobachten die Szene und gründen aus lauter Mitfreude *Iron Maiden*. Erste Ideen zu „Alexander The Great" und „The Number Of The Beast" (2 x 333) entstehen. Kommentar von den dabei stehenden Hübner und Jensen: Pah, wer braucht denn *Iron Maiden*.

30 n. Chr.: Jesus ist endlich angekommen und versucht Hübner/Jensen die Weltherrschaft zu entreißen. Daraufhin verpfeift ihn das Duo bei den Behörden wegen Falschparken und Hexerei. Jesus wird geschnappt und zum Tode am Kreuz verurteilt Während der Zeremonie grölt ein halbstarker Schmierlappen immer wieder „Nailed To The Cross" und

klimpert dazu mit seinen verschiedenfarbigen Augen. Hübner und Jensen nehmen ihn unter Vertrag.

68 n. Chr.: Rom steht komplett in Flammen. Hübner/Jensen wollen natürlich mal wieder von nichts gewusst haben. Ozzy macht seine zweite Entziehungskur.

455 n. Chr.: König Biff „Geiserich“ Byford fällt mit seinen Wandalen in Rom ein und haust, wie man das von Kollegen mit einem solchen Stammesnamen erwarten kann. Hübner/Jensen fühlen sich von dem Chaos irgendwie inspiriert.

793 n. Chr.: *Amon Amarth* werden erstmals auffällig, als sie das englische Kloster Lindisfarne leer saufen. Hübner/Jensen verkaufen den durstigen Mönchen im Anschluss an das Gelage „günstiges →Bier, fast zum Einkaufspreis, ein Becher (0,3) für 4 Goldstücke“. Das Kloster geht innerhalb von zehn Minuten Pleite. Ob *Amon Amarth* und Hübner/Jensen gemeinsame Sache gemacht haben, konnte bis heute nicht historisch belegt werden, ist aber wahrscheinlich.

1095 n. Chr.: Der erste echte Werbeslogan der Welt verbreitet sich. Mit „Gott will es. Wir sind doch nicht blöd“ gibt Papst Urban II. den Startschuss für die Kreuzzüge. Hübner/Jensen sponsern die Gegenseite (Black Stage) und verlieren zum ersten und letzten Mal in ihrem Leben richtig viel →Geld. Des Weiteren bilden sich vor allem in Skandinavien Tausende miese Black Metal-Kapellen, die versuchen, mit akustischem Terror gegenzuhalten. Hätte Pope Urban Zwo das geahnt, hätte er auf die paar Goldbarren aus Jerusalem wahrscheinlich dankend verzichtet.

1445 n. Chr.: Der Mainzer Johannes Gutenberg erfindet die beweglichen Lettern und stellt damit die Voraussetzung für den schnellen Buchdruck. Hat für die meisten Metaller aber bis heute keinerlei Bedeutung.

1517 n. Chr.: Martin Luther nagelt seine 95 Thesen (Der Ball ist rund, Dumm fickt gut, Haribo macht Kinder froh etc. pp.) ans Eingangsportal der Firma Hübner/Jensen Ablassbriefchen für Jedermann GmbH. Daraufhin zeigen die beiden Geschäftsmänner den Randalierer wegen Sachbeschädigung vor dem Jüngsten Gericht an und bekommen Recht. Martin Luther legt sich den Decknamen King zu und probt mit ein paar anderen Schwarzen (Malcom X, Sheree Hesse, Michael Jordan) den Bürgeraufstand. Als direkte Folge daraus entstehen die evangelische Konfession, Lakritzschnecken zum Naschen und das Liebespaar Jensen/

Hesse. Das geschäftstüchtige Duo ist also zum Trio angewachsen.
1714 n. Chr.: Georg I. aus Hannover übernimmt in England den Thron von Königin Anna Stuart. Damit herrschen *die Scorpions* über *Queen*, sattes Riffing über schwülstigen Bombast. Schade, dass es dabei nicht geblieben ist. Hübner/Jensen/Hesse sind am Hofe als musikalische Berater angestellt und ärgern in ihrer Freizeit bevorzugt den damals noch nicht ausgewachsenen Prinzen Ernst August. Die Spätfolgen (Prügelattacken, Pinkelorgien am türkischen Pavillon, Suffgeständnisse in der Bild) sind verheerend.
1806 n. Chr.: Durch die Niederlegung der Krone entlässt Kaiser Franz II das Heilige Römische Reich Deutscher Nationen in die Unabhängigkeit. Wacken ist endlich frei! Ozzy versucht betrunken, vom Dach einer fahrenden Pferdekutsche zu urinieren, fällt hinunter und von dort aus direkt ins Koma.
1819 n. Chr.: Die so genannten Karlsbader Beschlüsse treten in Kraft. Die Obrigkeiten verfolgen unbequeme Studenten, Schriftsteller und Journalisten. Hübner/Jensen/Hesse schlagen dem österreichischen Staatskanzler Metternich vor, gefügigen Journalisten eine Art

Ehrenbändchen ums Handgelenk zu knüpfen, um so ihre besondere Stellung hervorzuheben. Der Vorschlag setzt sich (noch) nicht durch, die Idee zu den V.I.P.-Pässen (althochdeutsch für: Var Immer Prav) ist jedoch geboren.

1914 n. Chr.: Ozzy erwacht aus seinem Koma, nickt aber sofort wieder ein, als er erfährt, dass er im gerade angelaufenen Weltkrieg als Frontschwein eingesetzt werden soll. Wacken verliert durch französischen Dauerbeschuss sein lauschiges Bergpanorama.
1940 n. Chr.: Ozzy fragt nach dem Stand der Dinge und bleibt lieber noch 'ne Runde liegen. Den durch seinen langen Schlaf hervorgerufenen Mangel an Sauerstoff im Hirn nimmt er in Kauf. In Wacken weht nicht ein Hakenkreuz im Wind, was aber auch daran liegen könnte, dass →Kühe keine Flaggen hissen.
1959 n Chr.: Nach einer etwas längeren Schaffenspause planen *Manowar* ihr Comeback. Zuvor verhelfen sie ihrem alten Kumpel und Ex-Leadgitarristen „Fidel" Castro zur Machtübernahme in Kuba. Leider sieht das die heimische Regierung nicht so gerne und weist die vier Kämpfer lebenslänglich aus den USA aus. Daraufhin konzentrieren sich *Manowar* wohl oder übel auf den europäischen Markt (außer Wacken und England).
1990 n. Chr.: Hübner/Jensen/Hesse sind nach einer jahrtausende langen Odyssee am Ziel. Kurz nach dem Mauer gefallen ist, sind endlich genügend billige Arbeitskräfte auf dem Markt, um ein Open-Air zu veranstalten. Der Wahnsinn nimmt seinen Lauf.

Müll, Kippe

Einige Besucher scheinen das Wacken Open Air mit einer temporären Müllkippe zu verwechseln, die für ein paar Tage irgendwo aufgebaut wird und dann weiterzieht. Stein des Anstoßes sind dabei natürlich nicht Zigarettenstummel, Sixpack-Umverpackungen und Taschentücher, sondern Dinge, die auf Zeltplätzen zurückbleiben und den Anschein erwecken, da hätte jemand seine Garage umgestülpt. Baucontainer, Stacheldrahtzäune, Reservekanister, Laubsauger und Schaukelstühle (gerne mit der verstorbenen Oma drin), das alles lassen Menschen zurück, die eine Musikveranstaltung besuchen. Warum? Müsste im Auto ob der geleerten Vorräte nicht mehr Platz sein als vorher? Geht denn nicht eher ein Kumpel im dreitägigen Gewühl verloren, als dass ein weiterer hinzukommt? Oder hat Mami vielleicht das Auto gepackt, und nun kriegt Sohnematz nicht mal mehr die Hälfte rein, weshalb ein paar Gegenstände geopfert werden müssen? Klingt wahrscheinlich, aber die Theorie hat einen Haken: Wenn dem so wäre, würden deutlich mehr Menschen auf den Plätzen zurückbleiben, die sich im Laufe des Festivals mit dem Fahrer zerstritten haben und deshalb aussortiert wurden. So einen Schaukelstuhl (ohne kaputte Großmutter) kann man vielleicht doch noch mal gebrauchen.

Nacht, über Wacken
Nicht nur wegen der erwähnten Zombieeffekte (→Leichen, lebende) und den noch zu beschreibenden Düften (→Urin, viel) etwas Besonderes. Wackener Nächte sind lang (aber dann ...) und haben die Eigenheit, extrem hell oder tiefschwarz zu sein.
Erstgenannter Fall tritt ein, wenn die Strahler auf den Campingplätzen so eingestellt sind, dass sie jedem, der auf einem der Hauptwege unterwegs ist, genau in die Iris funzeln.
Die andere Möglichkeit: Die Dinger sind ausgeschaltet oder gar nicht erst aufgebaut. Dazwischen gibt es nichts, was zu der Vermutung führen könnte, dass des Nachtens abseits der Wege irgendwas gemauschelt wird, wovon der gemeine Besucher auf gar keinen Fall etwas mitbekommen darf. Lagern da vielleicht irgendwo die Biervorräte der Händler oder verbuddelt Hübner die Tageseinnahmen unter einem der zahlreichen Gebüsche? Was es auch ist, es muss sehr interessant sein, anders kann ich mir dieses Beleuchtungskonzept nicht erklären. Also, Augen auf, Taschenlampe an und Spaten geschultert. Wäre doch gelacht, wenn man da nicht hinter kommen würde.

Nightliner, Danziger
Übergroßer Luxusbus, der neben DVD-Spieler, Weinkeller, Hallenbad und Freilaufgehege für die mitgeführten Lieblingspferde, auch den Arsch eines wichtigen Künstlers – nehmen wir als fiktives Beispiel mal Glenn Danzig – sicher auf das Wacken-Gelände hievt. Vergleichbar mit einer Sänfte, auf der sich Kleopatra vor einigen Jahren durch die ägyptische Wüste schaukeln ließ. Die vier Tragesklaven wurden von 400 PS abgelöst, aber ansonsten hat sich nicht viel getan. Um das Nobelgefährt herum drängt sich der gemeine Mob, der am verhungern (okay, in Wacken eher am verdursten) ist, während drinnen mit gegrillten Lachsaugen eine Murmelpartie nach der anderen ausgetragen wird.

Und so wie Kleopatra keine Ahnung von dem Leid ihres dahinvegetierenden Volkes hatte, so weiß auch der Herr Superstar im Nightliner nicht, was in Wacken wirklich abgeht. Zeltplatzchaos, Matschepampe, klaustrophobische Zustände vor der Mainstage? Alles kein Thema. Durch abgedunkelte Scheiben und eine Sonnenbrille betrachtet, sieht es eh überall gleich aus.
Außerdem achtet der Busfahrer – wie einst der Chauffeur des Führers kurz vor dem Endsieg (der Alliierten) – darauf, keine allzu zerbombten Straßenzüge zu kreuzen. Nicht, dass der Kunstschaffende noch einen realitätsnahen Eindruck von seinem Auftrittsort bekommt. Stars in der Liga von Danzig fühlen sich von „normalen" Häusern, Städten und Menschen nämlich belästigt, was man auch irgendwie nachvollziehen kann. Ewig dieser Jubel und die vielen Geschenke. Da ist der Nightliner schon eine sichere Burg, die allerdings den Nachteil hat, dass sie irgendwo auch mal stehen bleiben muss. Und sei es nur an der Tanke, einer Ampel oder direkt hinter der Bühne. Kaum angehalten, kleben auch schon wieder die Gesichter der Bewunderer an den Scheiben, weshalb mittlerweile viele dieser Busse mit Selbstschussanlagen ausgerüstet sind. Völlig zu recht, denn wer weiß, was das da draußen für Irre sind.
Kurz bevor es via Gangway auf die Bühne geht, wird zur Sicherheit der komplette Backstage-Bereich abgesperrt, der Nerzmantel noch schnell gegen ein Netzhemdchen ausgetauscht und die Show beginnt: „Wacken, seid ihr gut drauf?" Geht dich gar nichts an, du Affe. 75 Minuten Aufdiebrustgeklopfe gemixt mit Nichtgesang, Kohle kassieren, heim ins mobile Reich und zum nächsten Auftrittsort gefahren.
Wenn's ganz dumm läuft, kann so ein Bus natürlich auch mal von der Fahrbahn abkommen. Das hat zwar endgültig nichts mehr mit Wacken zu tun, ist aber so was wie ein Lichtblick in diesem düsteren Abschnitt. „I Got A Dirty Black Summer" …

Ohrenstöpsel, die
Tauchen in verschiedenen Erscheinungsformen auf: Durchschnitts-Mosher verwenden Ohropax, Angeber stülpen sich handtellergroße Presslufthammerkopfhörer über die Lauschlappen und die Kreativen prokeln sich Fetzen von Taschentüchern, Tampons oder ihrem Personalausweis in die Gehörgänge.

Manch ein listiger Vertreter aus der Familie der Heavy Metal-Fans hingegen hat eine natürliche Methode gegen schädliche Phonstärken entdeckt. Wer sich die Ohren drei Jahre lang nicht wäscht, sammelt so viel Schmalz an, dass sich das Trommelfell von ganz alleine versiegelt. Wen es nicht stört, dass ihm die gelb-braune Masse auch mal auf die

Schulter tropft, bitte. Jeder Fetisch hat seine Anhänger, die Homepage www.lutscht-mir-den-Propfen-raus.de ist bestimmt schon irgendwo in Arbeit.

Neben diesen geistig höchstenfalls halbgesunden Vertretern gibt es aber auch noch die ganz Verrückten, die bis heute der festen Meinung sind, Ohrenstöpsel seien etwas für Popper. Heavy Metal muss ihrer Meinung nach ungefiltert aufs Trommelfell drücken, bis die Hirnsuppe freiwillig in den Circle Of Death einsteigt. Außerdem kann ein Tinnitus ja auch ganz hilfreich sein, wenn man zum Beispiel seine Gitarre stimmen möchte und gerade kein passendes Gerät zur Hand hat.

Nachteil dieser Methode: Nach drei Tagen Wacken ist das Fiepen in der Muschel so laut, dass sämtliche Hunde in der Nachbarschaft denken, Herrchen bläst in die Hundepfeife. Wenn sich die Ein-Zimmer-Wohnung nach der Rückkehr von der Open-Air-Sause also mit vierbeinigen Flohbussen füllt, nichts bei denken. Manchmal geht so ein Tinnitus sogar wieder weg.

Order, Running

Angebliche Orientierungshilfe für Fans, die wissen wollen, wann wer wo spielt. Entspricht in Sachen Zuverlässigkeit ungefähr dem Feiertagsfahrplan der kaukasischen Reichsbimmelbahn. Wird im Wacken Office Mitte Mai ausgewürfelt und dann einmal die Woche nach einem komplizierten Verfahren unter Berücksichtigung der Quantenphysik umgestellt.

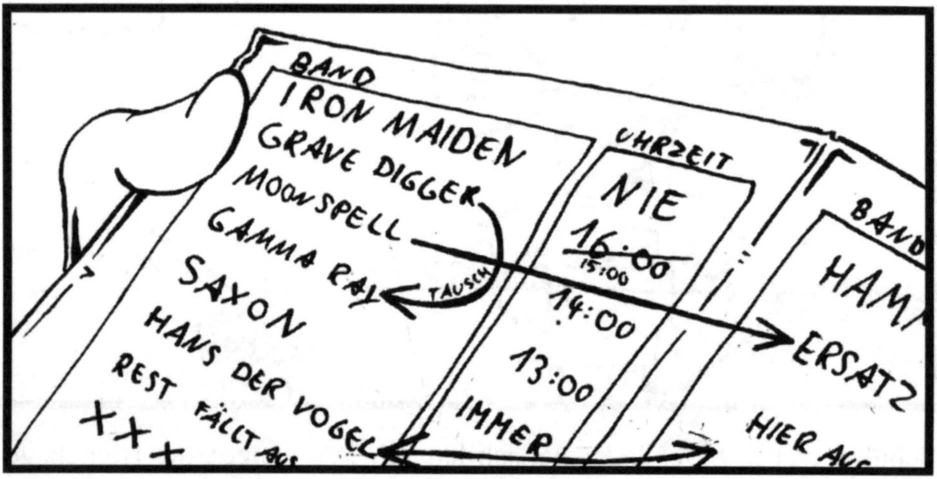

Manchmal stellt sich die Running Order auch über Nacht alleine um und nachher will's wieder keiner gewesen sein. So kam es, dass auf dem Wacken Open Air 2004 eine Band wie *Anthrax* den Morgentau von der Wiese pflückte, während *The Rods* (The wer?) zur Prime Time die Bühnenbretter anöden durften.

Besonders gerne würfeln die →Veranstalter besagte Liste während des laufenden Festivals neu aus, bei doppeltem Einsatz, versteht sich. „Uh, guck mal", sagte Herr Hübner an einem schönen Augusttag im Jahr 2002 zum Kollegen Jensen, „ich hab *Candlemass* gewürfelt. Hey, Messiah Marcolin! Schwing deinen fetten Arsch in die Mönchskutte, ihr seid dran." „Wieso? Der Dickinson spielt doch noch. Wir sind erst in zwei Stunden angesetzt." „Was glaubst du, wofür wir hier →vier Bühnen rumstehen haben? Und ab dafür!"

Outfit, das

Es ist bisher nichts darüber bekannt, dass die →Veranstalter in naher Zukunft eine Kleiderordnung für das W:O:A erlassen wollen. Trotzdem gibt es so etwas wie eine stille Übereinkunft aller Beteiligten, wie man ordnungsgemäß auf dem Acker zu erscheinen hat.

80 Prozent der Besucher tragen traditionelles Band-Shirt mit Totenkopfapplikation in Schwarz und zeitlos fleckige Jeans. Dazu passend ein Hauch aus sich auflösendem Turnschuh oder schwarze Stahlkappenstiefel mit verchromten Schienbeinschonern, der so genannte Norwegerlatschen.

18 Prozent vertreten die Anti-Fraktion, die in einer rebellischen Szene wie der Heavy Metal-Sippe zum guten Ton gehört. Diese Damen und Herren laufen demnach in allem auf, nur nicht in Schwarz und vor allem nicht in Böse. Den Anfang machten vor einigen Jahren Bekleidungsstücke aus dem Fanshop der Sesamstraße oder lustige „Holt den Notarzt, ich bin voll"-Shirts, die auch bei intensiver Textstudie ihren Witz für sich behielten.

Heute ist alles erlaubt, von Meister Propper über Burger King bis hin zu Fix und Foxi zieren sämtliche vorstellbaren Unterhaltungsikonen und Firmenlogos die Brust und Brüste. Apropos, 2004 war der Spruch „Wie schön, dass du meinen Busen bemerkt hast" besonders angesagt. Jede vierte Schnepfe, deren Rundungen über das Maß einer handelsüblichen Walnuss hinausgingen, trug so ein Shirt. Man war manchmal versucht, diese Sexismus-Warriorinnen anzusprechen, um ihnen mitzuteilen, dass einem da noch mehr aufgefallen ist. Die Segelohren, der fette Arsch oder die vielen Schuppen. Abgesehen davon waren die meisten Mickermöpse nicht der Rede wert.

Aber Mann hält sich zurück und rechnet. Wenn er das tut, wird er feststellen, dass in dieser Aufzählung noch zwei Prozent fehlen, und das sind genau die, die das W:O:A mit dem Kölner Karneval verwechseln. Ob als OP-Gehilfe verkleidet, mit Schweinemaske vermummt oder als rosafarbene Ninja gewandet (Ich hoffe, diesen Freak hat 2004 jeder gesehen.), immer mehr Menschen entdecken die Lust an der Kostümierung. Es wird nur eine Frage der Zeit sein, bis EMP, Nuclear Blast und Konsorten die Marktlücke entdecken, um sogleich mit voller Wucht reinzuspringen.

Wie dereinst bei den bereits erwähnten „Fun Shirts“ oder – noch viel schlimmer – den mit der Eigenschaft der Phosphoreszenz bestückten Metal-Leibchen: „Dieses Blind Guardian-Shirt leuchtet für zwei Minuten im Dunkeln.“ Willkommen im Yps-Heft!
Auch schon egal, denn spätestens 2007 bevölkern von selbst leuchtende Nonnen, Krankenschwestern, Piraten und Cowboys den Moshpit. Wacke Alaaf! Und da regen sich die Leute ernsthaft über einen englischen Prinzen im Nazi-Kostüm auf?

Pizza, die

Meine momentane Lieblingsfernsehwerbung ist die mit dem Italiener, dessen Schuhe in Beton eingegossen sind und der vor einem Hafenbecken stehend um Gnade winselt. Der zuständige Bezirkspate, der ein bisschen aussieht wie der SAT1-Multikulti-Comedian Kaya „Zu reden wie Deutsch-Türke ist voll lustig, ey. Brauchst du keine Texte mehr“ Yanar lässt jedoch nicht mit sich handeln. Plumps, und ab geht's zu den Fischen. Dazu kommt eine Stimme aus dem Off, die erklärt, dass so etwas passiert, wenn man Filme ohne „Moviestar“ empfiehlt.
Diese Werbung ist nicht lustig, dazu schlecht gefilmt und insgesamt ziemlich blöde. Allerdings erinnert sie mich immer wieder an folgende Frage: Was würde dieser Mafioso wohl mit einem Landsmann machen, der ein Stück Teig auf ein Blech schmeißt, ein bisschen Oregano drüberbröselt, eine Scheibe Aldi-Salami draufklatscht und dann ein Schild mit der Aufschrift „Pizza Salami / 4 Euro“ in Position bringt? Vierteilen und ab in die Hackfleischsoße? Von Francesco Totti zu Tode spucken lassen? Zu *Labyrinth* in den Proberaum sperren, bis die Ohren bluten? Zum Ministerpräsidenten des Heimatlandes wählen?
Keine Ahnung, aber irgendeinen Ehrenkodex für die Pizzazubereitung muss es doch geben, Italien kommt der Zivilisation von allen Dritte Welt-Ländern schließlich noch am nächsten.

Polizei, die

Diese Kollegen hätten auch unter „S“ wie Schweine, arme aufgeführt werden können. Denn während alle anderen Anwesenden für ein paar Tage die gute Erziehung vergessen, dürfen sie das staatlich legitimierte Kindermädchen spielen.

Nein, ich geb dir meine Pistole nicht, komm von der Straße weg, spiel nicht mit Feuer, zieh das Mädchen nicht an den Haaren, nimm deine Dreckspfoten von meiner Uniform oder ich muss dich erschießen usw. Wie es so abgeht, wenn sich erwachsene Menschen zurück ins Vorschulalter saufen.

Wobei es ja extrem erstaunlich ist, dass bisher noch nichts wirklich Schlimmes passiert ist. Kann nur eine Frage der Zeit sein, ist klar, aber bisher lautete das Fazit doch alljährlich wie folgt: Bis auf Fahrraddiebstahl keine besonderen Vorkommnisse. Obwohl ich mich langsam frage, welcher Vollidiot sich da Jahr für Jahr sein Fahrrad klauen lässt. Oder ist das jedes Mal ein anderer? Und wo fährt der Dieb damit hin? Ins Freibad, zum →Bier kaufen, ins Grüne, nach Hause? Es ist ja auch nie die Rede davon, dass die Räder wieder auftauchen. Liegen die alle auf dem Grund eines nahe gelegenen Weihers? Oder sollte am Ende gar die Polizei hinter diesen mysteriösen Vorkommnissen stecken? Klauen sie die Dinger selbst, damit sie überhaupt eine Legitimation haben, in Wacken herumzulaufen? Vielleicht wollen die feinen Beamten nur bequem ein paar Überstunden sammeln, um diese zu einem günstigeren Zeitpunkt abzubummeln?

Dazu passt, dass alle (!) in der zum 15. Jubiläum erschienenen offiziellen „Wacken History" interviewten Personen mit vollem Namen genannt sind, nur der Vertreter der Polizei lässt sich in diesem Buch mit „Herr Hesse" zitieren. Das stinkt doch meilenweit nach Pseudonym. Her(r)mann Hesse, ist schon klar. Warum nicht gleich Steffen Steppenwolf oder Gertrud Narziss-Goldmund? Wartet, meine grünen Freunde. Im nächsten Jahr schau ich euch genau auf die Finger, und wenn einer von euch auch nur in die Nähe eines Fahrrades kommt, dann meld ich das dem Bundeskriminalamt. Soweit sind wir noch nicht wieder, dass hier jeder Uniformträger machen kann was er will.

Pyros, heiße

Es soll ja Leute geben, die im Rahmen eines Gigs mehr auf die Pyros denn auf die Mucke achten. Solche Exemplare hätten sich bei *Venom* anno 2000 sehr wohl gefühlt. Auf der anderen Seite gibt es Mucker, die nicht auf die Pyros achten, so wie ein gewisser Timo Kotipelto, ebenfalls im Jahr 2000. Der hat sich dabei höchstwahrscheinlich nicht sonderlich

wohl gefühlt. Kurz zum Handtuch gelangt und schon stand die Flosse in Flammen.

Das passiert *Venom* nicht, aber die sind ja auch mit dem Teufel im Bunde und benutzen zur Schweißentfernung zudem keine Frotteelappen, sondern ihre Wurstmähnen. 1:0 für Satan gegen den blonden Träller-Engel aus Lappajärvi, Finnland. Wir warten gespannt auf das Rückspiel. Aber besser ohne Flutlicht.

Ravioli, (Dosen-)

Die letzte Brücke zwischen dem zeltenden Wacken-Besucher vor Ort und der Zivilisation. Ravioli sind in Dosen verpackt recht handlich, passen in jedes noch so voll gepackte Auto und schmecken scheiße. Zumindest zu Hause, wenn man sie auf dem 2.300 Euro teueren Superherd mit atomarem Gar-Aggregat aufköchelt. Über einem Bunsenbrenner auf dem Campingplatz erhitzt, schmeckt der Mist wie Kaninchenpansen (und sieht nebenbei bemerkt auch so ähnlich aus).

Trotzdem gehört die italienische Teigspeise zu den Klassikern auf dem Wackener →Campingareal, was einige Fragen aufwirft: Wo sind zum Beispiel die guten alten Schnittchen geblieben, die Muttern ihrem Sonnenschein früher immer in die Tasche gestopft hat? Und wenn es nur über die andere Straßenseite zum Kumpel war, ein Schnittchen musste mit. Heute hingegen kauen die vielen augenberingten Gestalten notgedrungen auf lauwarmen Pasta-Imitationen herum, die zu allem Überfluss auch noch in den geschändeten Resten holländischer

Tomatenduplikate herumschwimmen. Eltern sind halt auch nicht mehr das, was sie mal waren. „Wieso, gibt es denn auf dem Gelände nichts zum Essen?“, höre ich an dieser Stelle den einen oder anderen Frischling fragen, der noch nie auf dem W:O:A zugegen war. Doch, gibt es. Am besten unter →Döner und →Pizza nachlesen und dann gleich zwei Dosen Ravioli einpacken. Wacken zieht sich.

Reunion, sinnvolle
Ja, ganz bestimmt. Kicher …

Roadshow, W:O:A
Was Ende des 19. Jahrhunderts das Kuriositätenkabinett war, ist seit 2003 die W:O:A Roadshow. Dubiose Gestalten, natürlich angeführt von einem nimmermüden →Onkel Tom, werden in miefigen Manegen dem sensationsgeilen Großstadtpublikum vorgeführt. Menschenwürde? Fehlanzeige!
Die angeblich wieder entdeckten Originalwikinger *Amon Amarth*, Ralf Scheepers von *Primal Fear* als Dame ohne Unterleib, Sabrina Claasen von *Holy Moses* als Frau mit (der Stimme nach) zu viel Unterleib, die grauselig entstellten Monstermenschen *Lordi* und *Metalium*, die pro Kopf über 140-jährigen Methusalems von *Mob Rules* oder die singenden Gelbschwanzwolläffchen *Freedom Call*. Sie alle wurden aus irgendwelchen Heimen oder Zoos herausgekauft, um sich nun als lebende Werbeträger für ein Festival begaffen lassen zu müssen. „Hereinspaziert, hereinspaziert, die wahren Freaks gibt es nur hier!“
Es bleibt zu hoffen, dass dieser rollende Zirkus in absehbarer Zukunft von Menschen- und Tierrechtsorganisationen gestoppt wird.

Rock ’n’ Roll, ist toll
Das W:O:A ist voll von Menschen, was bedingt, dass einem auch immer mal wieder persönlich bekannte oder unbekannte Vollottos über den Weg laufen. In der Regel zeichnen sich diese Geschöpfe durch einen gewissen Hang zur Laberei aus, und eh man sich’s versieht, ist das eigene Ohr schon vor dem Frühstücksbierchen komplett abgekaut.
Mittels der oben dargelegten Phrase lässt sich aber zumindest die geistige Gesundheit wahren, verhindert sie doch, dass man sich ernsthaft

mit dem Gesprächspartner auseinandersetzen muss. Kommt die Person also mit Sätzen wie „Tolles Wetter heute“/„Früher war Wacken (alles) besser“/„Ich hab jetzt auch ’ne eigene Band am Start“ rüber, einfach „Rock ’n’ Roll ist toll“ antworten. Das klingt gut, ist inhaltlich korrekt, völlig unverfänglich und hat einen leicht verwirrenden Einfluss auf den Anderen. Zur Not ruhig zwei oder drei Mal wiederholen, irgendwann tut das Zaubersprüchlein seine Wirkung.

Sanitäter, philosophische
Ähnlich wie die Kollegen von der →Polizei, der →Security und dem →Zoll dienstlich (das Gegenteil von freiwillig) vor Ort. Sind dafür zuständig, die Kreislaufkranken zu kühlen, den Durstigen zu trinken zu geben, die Hungernden zu füttern, die Kaputten abzutransportieren und die endgültig Kaputten auf einer kleinen Wiese hinter der WET Stage zu verscharren. Bei Bedarf entfernen sie zudem Holzsplitter aus Fingern, pumpen alkoholisierte Mägen leer oder behandeln Platzwunden, die durch mehr oder minder überraschend durch die Luft fliegende Schweineköpfe hervorgerufen wurden.
Manchmal haben die Sanitäter auch eine kleine Pause, dann nehmen sie sich einen Kaffee, zünden sich ’ne Fluppe an und lassen ihren Blick über das Gelände schweifen. Dabei denken sie: „Als ich nach dem schweren Seebeben Anfang 2005 als freiwilliger Helfer in Kalmunai/Sri Lanka war, sah es gar nicht mal so anders aus. Allerdings war das Wetter besser, und es hat nicht gar so fürchterlich gestunken. Überdies wäre es natürlich schön gewesen, wenn der Tsunami wenigstens jene Typen mit ins Meer gerissen hätte, die für die Klingelton-Werbung auf Viva und MTV verantwortlich sind. Aber man kann halt nicht alles haben.“
Dann gehen sie wieder in ihr Erste-Hilfe-Zelt zurück und geben einem 16-jährigen Headbanger eine Spritze für den Kreislauf. Das Leben kann manchmal ganz schön komisch sein …

Security, glatzköpfige
Alle reden darüber, dass gesellschaftlich Benachteiligte eine faire Chance im Berufsleben verdient hätten. In Wacken wird nicht gelabert, da wird gemacht.
Einmal jährlich im Juli sticht ein Mitarbeiter der W:O:A-Company in

See, genauer Ostsee, macht in Stralsund seinen Kahn fest, tapert mit einem Schleppnetz bewaffnet in die lokale Arbeitslosenverwaltungsage ntur, fängt ein paar dickarmige, kurzhaarige Männer vom Flur weg und schippert wieder zurück. Voila, die Security-Mannschaft steht.
Klar, manch einer von denen hat noch nie was anderes als Plattenbauten gesehen und ist deshalb vielleicht ein bisschen überfordert, aber das pendelt sich im Laufe des Festivals meistens ein. Böse gucken können

sie von Haus aus, fremde Menschen angeekelt betatschten heißt in Mecklenburg-Vorpommern Sex und wenn es wirklich mal zur Schlägerei kommt, dann machen sich die Jugendlager der NPD endlich bezahlt. Dort lernt man zudem alles über Runendeutung, was denen weiterhilft, die den →Backstage-Bereich bewachen. Viele lustige Zeichen auf vielen bunten →Bändchen. Alles ziemlich kompliziert.
Wer es mit dem Lesen nicht ganz so hat, darf im Bühnengraben seine sadistische Ader ausleben. Denn wenn der Crowdsurfer (für Meck-Pomms: Kraudsörfa) nicht bei zwei auf den Beinen und verschwunden ist, dann darf der Aufpasser das machen, was der Papa bei der Stasi und der Opa bei der Gestapo auch durften: eine freundliche Kurskorrektur vornehmen. Warum solcherlei Maßnahmen von den linksradikalen Bombenlegern gleich wieder als faschistisch eingestuft werden, verstehe wer will. Politik hat im Heavy Metal eh nix zu suchen.

Sparmarkt, und Konsorten

Wer einen Menschen mal so richtig aus vollem Halse wiehern hören will, der sollte sich am Wacken-Samstag nach Geschäftsschluss in die Büros der örtlichen Supermarktleiter begeben. Vielleicht verschieben die ihre Abrechnung aber auch auf den Montag nach dem W:O:A, weil sie am Wochenende vor lauter Lachtränen eh nichts sehen.

Fakt ist, dass der Einzelhandel im Landkreis Steinburg Weihnachten kollektiv im August feiert. Türme aus Grillgut und Holzkohle recken sich vor den Läden gen Himmel. Europaletten ächzen unter der Last von Fantastilliarden Litern →Bier. Sowas kannte man bisher nur von Supermärkten, die in der Nähe eines Sozialamtes stehen und sich auf den großen Ansturm des Zahltages vorbereiteten. Dank Hartz IV ja nun Geschichte.

Die organisierten Krämerkapitalisten aus dem hohen Norden juckt das nicht, die ordern auch weiterhin bereits im Juni Leckereien für den Festivalbesucher. Allerdings nicht beim offiziellen Zulieferer, sondern in der Ukraine, Weißrussland und von anderen Discountern, die kürzlich abgebrannt sind. Dosen angeditscht oder leicht angekokelt, Fleisch schimmert dezent grünlich? Völlig egal, ab in den Verkaufsraum und warten, bis die Verrückten kommen. 3…2…1…meins! Jedes Teil ein Unikat, Konsumieren auf eigene Gefahr. Und es kann nur eine Frage der Zeit sein, bis sich die üblichen Marktinstrumente aus der Vorweihnachtszeit auch hier durchsetzen. Leicht modifiziert, versteht sich. In den Schaufenstern stehen kleine Puppen in Lederjacke und rufen nicht „Hohoho“, sondern „Moshmoshmosh“, aus den Boxen dröhnt *Napalm Death* und selbst die Durchsagen der Angestellten passen sich der besinnlichen Zeit an. Statt: „Die 18 bitte auf die 4, die 18 bitte“, erklingt: „Helga, wenn du deinen fetten Arsch nicht sofort vom Klo hebst und hier die zweite Kasse öffnest, dann komm ich da rein. Vor mir stehen ungefähr 30 Zottelviecher und die Hälfte von denen riecht wie das, was du gerade machst.“ Na denn, fröhliche Wackenachten!

Stroh, rettendes

Bezeichnet ausgedroschene und getrocknete Halme, die neben ihrem Zweck als Futtermittel für Vegetarier (Bodenhaltung) oder Baustoff, auch als Einstreu verwendet werden.

Mit anderen Worten: Bauern schmeißen Stroh unter Kühe und Rinder, damit die nicht auf die Fresse fallen. Genauso lief das auch im Jahr 2002 in Wacken, als der große Regen am Donnerstag das Gelände in einen Trainingsparcours für Schlickschlittenfahrer verwandelte.
Noch am Freitagmorgen blieben ungezählte Schuhe, Netzstrümpfe und Holzbeine im Schlamm stecken, so dass kurzfristig mit einem Abbruch gerechnet werden musste. Doch dann tauchten sie am Horizont auf: Die Bagger of Barmherzigkeit samt ihren Verbündeten, den Treckern of Terrorbekämpfung. Mit monströsem Getöse fraßen sich diese Galionsfiguren der hoch technisierten Landwirtschaft durch den →Matsch, um ihre erlösende Fracht abzuwerfen. Endlich Stroh, endlich fester Halt, Wacken 02 war gerettet. Ungefähr fünf Minuten nach dieser logistisch aufwendigen Aktion hatte die Sonne den Boden erst ausgetrocknet und dann festgebacken, was das Manöver im Nachhinein vielleicht überflüssig erscheinen lässt. Stimmt aber nicht, denn im Vorgriff (!) auf die zu erwartende Unwetterkatastrophe hatten die schlauen →Veranstalter bereits die Bierpreise (!!) erhöht, um den schnellen wie extrem teuren Zukauf von Stroh auf dem Weltmarkt finanziell abzufangen. Warum selbiges dann nicht bereits vor dem Festival auf den Acker geworfen wurde, bleibt ein Mysterium. Wahrscheinlich hoffte man im Wacken Office auf eine spontane Wetterbesserung, um die Ballen dann bei Ebay („Stroh wie neu; OVP") zu verticken und so doppelt zu kassieren. Tja, den Kapitalismus in seinem Lauf hält weder Hübner noch Jensen auf …

Tiere, der Umgebung
Zoologen, die im letzten Jahr kurz vor Beginn des W:O:A in Geländenähe das Liebesleben der Mistkäfer studierten (Für die Perversen: Die Paarung dauert durchschnittlich mehrere Stunden.), machten zufällig eine seltsame Entdeckung: Zugvögel treten ja für gewöhnlich im Spätherbst ihre Reise in wärmere Gefilde an, in Wacken setzt bereits Mitte Juli der große Flüchtlingsstrom ein. Kohlmeisen, Rotkehlchen und Haubentaucher sehen zu, dass sie Land gewinnen, Hirsche treiben ihre Rehe in Richtung Hamburger Flughafen und selbst der Dachs, dieser robuste Kamerad, packt seinen Rucksack, schließt seinen Bau ab und macht 'nen flotten Schuh.

Die wenigen Viecher, die bleiben, gucken spätestens beim ersten Soundcheck dumm aus der Wäsche. Denn wenn man sich vorstellt, dass die meisten Tiere über ein vielfach besseres Gehör als wir Menschen verfügen, mag man sich lieber nicht vorstellen, was bei denen ein einziger offener Gitarrenakkord auf der Black Stage auslöst. Manche Gattungen haben zudem eine Art eingebautes Erdbebenfrühwarnsystem, das mit Sicherheit dann ausgelöst wird, wenn 50.000 Bekloppte zeitgleich durch die Gegend trampeln.

Und dass die meisten Vier-, Sechs- und Achtbeiner besser sehen können als der Homo Sapiens, ist eh klar. Was sich eine Eule denkt, die den Adler von *Saxon* am Horizont erblickt, entzieht sich der Kenntnis des hier schreibenden Hobbybiologen. Wahrscheinlich wäre: „Oh, haben wir schon wieder Apokalypse." oder „Hähä, das passiert, wenn ihr neunmalklugen Menschen genetisch manipulierten Weizen anbaut." Vielleicht denkt eine Eule aber auch gar nichts, womit sie in den lustigen Tagen von Wacken bei weitem nicht alleine dastehen (bzw. -sitzen) würde.

Tom, Onkel

Eine Sagengestalt ähnlich der → Helga, allerdings mit zwei großen Unterschieden. Erstens ist dieser, der Familie der Waldgeister zuzuordnende Riesengnom trinkfester als jede andere bekannte Sagengestalt, und zweitens taucht er jedes Jahr auf dem Wacken

Open Air auf. Die Legende besagt, dass sich der Holzfäller Thomas in einer Augustnacht im Jahr 1516 in der Umgebung des heutigen Festivalgeländes verlief und in seiner Not den Teufel um Hilfe anflehte. Der hatte aber gerade einen Termin bei der Nagelpflege, weshalb er seine Vertreterin, das Fräulein Alice Cooper, schickte. „Was willst du, Wicht?“, sprach die Dämonin. „Hilf mir, nach Hause zu kommen“, flehte der Holzfäller, „ich tue, was du willst.“ „Haha“, lachte die Cooper dreckig, „das hört sich doch gut an. Ich führe dich sicher heim, wenn du mir ein Kind machst. Haha.“

Dazu muss man wissen, dass die gute Alice alles andere als eine Schönheit war. Schiefe Zähne, Falten mit einem Spaltmaß von sieben Zentimetern in der Fresse, undefinierbare Flecken am Mundwinkel, Schlangen auf dem Kopp und so weiter. „Wenn es weiter nichts ist“, sagte der Holzfäller, der im heimischen Wohnzimmer auch nicht gerade eine Miss Germany sitzen hatte und dementsprechend abgehärtet war. Zack, schon machten sich beide nackig und der Holzfäller Thomas stieg über die Dämonenmutti drüber.

Am ersten Jahrestag der massiv befleckten Empfängnis (Ich verzichte auf Details.) erschien am Ort der Begattung ein Riesengnom wie aus dem Nichts und stolperte durstig über das Gelände. Die Dorfbewohner sahen ihn schon von weitem, sperrten Gartentor und Speisekammer ab und beteten ein schnelles Aktien Pilsner Unser. Schrille Schreie, Engel starben, der personifizierte Ausbruch des Bösen stand vor der Tür. Seit diesen Tagen kehrt das Wesen, das von irgendwem auf den Namen Onkel Tom (steht für: Trinken ohne Mengenmaß) getauft wurde, alljährlich am ersten Augustwochenende zurück an die Stelle seiner Erschaffung, säuft alles aus, was nicht bei drei von alleine verdunstet ist und schreckt auch nicht davor zurück, gemeinsam mit der örtlichen Feuerwehrkapelle den volkstümlichen Gruselkasper zu machen. Seltsam? Aber so steht es geschrieben.

Udometer, das

Dieses Gerät misst nicht die Schreifrequenz des schon wieder mal *Accept*-Sängers und zeigt auch nicht an, wann dem dicken Mann im Tarnanzug vor lauter Grölerei endlich die Birne platzt. Vielmehr ist das Udometer ein Regenmesser und in Wacken äußerst hilfreich. Flugs vor dem Zelt aufgebaut und schon kann der meteorologisch bewanderte Headbanger des Morgens ablesen, wie viel Regen in der Nacht gefallen ist.

Aus diesem Basiswert lassen sich, ein bisschen Rechenfähigkeit und Logik vorausgesetzt, weitere Daten ableiten. Zum Beispiel diese hier: Wo bin ich? Wo ist mein Zelt in der Nacht hingeschwemmt worden? Wie viel Kubikmeter Schlamm liegen derzeit zwischen mir und der True Metal Stage? Wie tief ist mein Auto im Schlick versunken, wann zieht mich ein freundlicher Bauer wieder raus, und warum kassiert der Schweinehirte dafür bei mir 20 Euro ab, obwohl er von den →Veranstaltern bereits bezahlt wurde? Wer meint, ohne solche Infos heil über ein Wacken Open Air-Wochenende zu kommen, der soll es ruhig versuchen.

Urin, viel

Wenn bei Wacken die gelbe Sonne im Acker versinkt,
Und der Boden ringsum bereits fürchterlich stinkt,
Ziehen die Pisser mit vollen Blasen nicht mehr aufs Klo hinaus,
Nein, sie tröpfeln sich an Ort und Stelle aus.

Rudi Schuricke möge die kleine Anlehnung an seine „Capri Fischer“ verzeihen, allerdings geht es hier um etwas elementar Wichtiges, und deshalb ist das Zitieren des wahrscheinlich ersten deutschen Schlagers überhaupt gerade gut genug.

Fragt man einen Blinden, welchen Geruch er mit dem W:O:A in Verbindung bringt, so wird er wohl folgendes sagen: ein Teil Schweiß, ein Teil Zigarettenqualm, je ein halbes Teil Leder und verkohlte Bratwurst, drei Teile abgestandenes →Bier und siebenundzwanzigkommafünf Teile Urin. Was uns immerhin die Einführung eines Wacken-Rasierwassers, Deorollers oder der W:O:A-Handseife in Form von Büffelköpfen erspart. Diese Duftnote ist definitiv nicht vermarktbar, ja sie ist schon vor Ort kaum erträglich.

Auf dem Gelände gibt es vier Zentren der konzentrierten Geruchsbelästigung, wobei die →Dixis ja bereits ausführlich behandelt wurden. Deshalb ein schnelles Wort zu den Piss-Pilzen, die vor einigen Jahren plötzlich aus dem Boden vor der Party-Stage emporschossen und seitdem ein Quell überschäumender olfaktorischer Sinneserlebnisse sind. Spätestens am Freitag suppt der wässerige Lebenssaft links und rechts aus dem Abort, so dass die Ausgabe von Schwimmflügeln zwecks Benutzung dringend notwendig erscheint.

Am Samstag sind Bands, die auf der Party-Stage spielen, nur noch dann genießbar, wenn man sich angezündete Zigaretten in die Nasenlöcher stopft. Andernfalls wird einem schnell gelb vor Augen und zwei nicht minder gelbe Engel geleiten den komatösen Headbanger in das ewige Reich der Erleichterung. Dorthin, wo Pampers mit Ultrasaugstoffkern an den Bäumen wachsen und gebratene Granufink-Kapseln durch die Luft fliegen.

Links von der linken Hauptbühne (da wo der rechte Daumen bei offenen Handflächen rechts ist, nur andersrum) wurde dereinst die nicht minder appetitliche Pissrinne mit angeschlossenem Klohäuschen installiert. Das Häuschen ist schon nett, schließlich gewährt es bei geöffnetem Fenster einen Blick auf die tobenden Fanmassen. Die Pissrinne allerdings ist bei fortgeschrittener Dauer der Veranstaltung ebenfalls nur noch schwimmend zu erreichen, wobei mich persönlich der stete Abfluss des Körpersaftes in Richtung Getränkeausschank immer etwas nervös macht. Wer allerdings einmal beobachtet hat, wie einem betrunkenen Kollegen der leere Becher in die 80 Zentimeter Hochwasser führende Rinne fällt, dieser das Behältnis wieder herausfischt und damit zwecks Pfandeinlösung zur nächstgelegenen Bierbude tapert, dem wird das nicht den Durst verderben. Zumal die Becher in Wacken nur gründlich gereinigt an den nächsten Kunden weitergegeben werden. A+*``U&jf>f+….
Tschuldigung, kleiner Lachanfall.

Richtig dufte geht es auch an den begrünten Rändern der Zufahrtswege zum Haupteingang zu. Hier dürfte es in drei Tagen mehr Niederschlag geben als das ganze britische Empire im Jahr schlucken muss. Außer Löwenzahn (im Bergischen Land ja auch Pissblume genannt) wächst da gar nichts mehr, die restlichen, noch anzutreffenden Pflanzen sind schon vor Jahren in Schockstarre verfallen. Dem Harngedrängten bleibt auf dem Weg vom Zelt zum Platz zum Zelt allerdings auch nicht viel mehr über, als sich in die Restbotanik zu erleichtern, was den engen Pfaden ein sehr eigenes Bouquet verleiht, das sich über das Jahr hinaus wohl auch nicht mehr verzieht. Sollte hier mal zufällig eine Gruppe blinder Grundschüler an einem warmen Tag im Mai hindurchspazieren, dann dürfte das für einige Verwirrung sorgen. So nach dem Motto: „Papa, hol mich ab. Frau Lorenz scheucht uns durch die Kanalisation." Jede Wette, dass das einen interessanten Elternabend gibt.

Veranstalter, glorreiche (das Wort Halunken gegebenenfalls bitte selber dazu denken)
Heißa, wer so viele Querverweispfeile hat, muss ein Quell verarbeitungswürdiger Informationen sein. Also, Holger Hübner, Thomas Jensen und Sheree Hesse hängen sich voll rein, sind immer im Stress und verdienen damit ordentlich →Geld. Hm, so viel war es dann doch nicht.

Verhalten im Ernstfall, richtiges und falsches
Bei Regen
Falsch: Schutz unter einer der Bierbuden suchen. Nass werden ist schlimm, bei lebendigem Leib zerquetscht werden aber eindeutig schlimmer. Macht auch unschönen zusätzlichen Dreck, den hinterher keiner wegräumen mag.
Richtig: Mitten auf dem Gelände stehen bleiben und auf Gott schimpfen. Interessiert den (sofern vorhanden) wahrscheinlich nicht besonders, befreit aber und ist ziemlich rebellisch.

Bei Hitze
Falsch: Mütze aufsetzen, mit Sonnencreme einreiben, viel Wasser trinken, wenig bewegen und sich im Schatten aufhalten. Das hier ist

Wacken und nicht der Baggersee von Hankensbüttel.
Richtig: „Fuck the sun“ (gelernt bei Maniac von *Mayhem* auf dem Wacken 2004) oder „It’s too fuckin’ hot here“ (Abbath von *Immortal* auf dem Wacken 2002), mit Schweineköppen schmeißen und cool aus der bis obenhin zugeknöpften Lederjacke gucken. Anschließend in der Nähe des →Sanitäterzeltes mit Hitzschlag zusammenbrechen und was von schlechten Drogen faseln. Sehr gut fürs Image.

Bei Massenpanik
Falsch: Versuchen, einen der Notausgänge zu erreichen. Das machen alle. Der echte Metal-Head ist aber kein Herdentier, sondern auch im Angesicht des Todes Individualist.
Richtig: Notausgänge verbarrikadieren, zertrampelte Kollegen auf Wertsachen und Bargeld abklopfen, die Merchandise-Stände plündern, im Vorbeigehen noch ein Freibier mitnehmen und dann in aller Ruhe die nahenden Rettungskräfte einweisen. Wenn die ihre Arbeit aufnehmen, Krankenwagen kapern und nach Dänemark absetzen. Unterwegs zur Abrundung eventuell auf Polizisten und/oder unbeteiligte Passanten schießen.

Bei Langeweile
Falsch: Gameboy/Handy rausholen und „Super Mario löscht alle Orchestersounddateien vom Rhapsody-Rechner“ spielen.
Richtig: Schniedel rausholen (falls angewachsen und groß genug) und einen Bandnamen in den Matsch pinkeln, den die Umstehenden erraten müssen. Trainiert die Prostata, fördert die Kontaktaufnahme mit fremden Metallern und ist ansatzweise true.

Limp Bizkit sind Headliner
Falsch: In der ersten Reihe stehen und mit Scheiße schmeißen.
Richtig: Gar nicht erst anreisen.

Wacken, Kreis Steinburg/Schleswig-Holstein
Geschichtsinteressierte werden sich vielleicht schon mal gefragt haben, warum ausgerechnet ein kreuzhässlicher Frosch das Wappen der Gemeinde Wacken ziert. Nun, die Antwort liefert die Homepage www.wacken.de und noch so einiges mehr.
Zuerst gilt es festzuhalten, dass das Wappentier gar kein Frosch ist, sondern eine von drei Gürtelschnallen aus der Bronzezeit, die als bedeutendster Fund in der Geschichte der Zwergmetropole gelten. Na großartig, da hat 1400 v. Chr. also ein fliegender Händler („Wolle Gürtel kaufen?") eine Rast im freien Feld eingelegt, ein bisschen was von seinem Schund verloren und schon ist Alarm im noch nicht gebauten Fischerdorf. Denn es soll lumpige 2.548 Jahre dauern, bis der Ort Wacken erstmals urkundlich erwähnt wird. Herzog Ferdinand Karl zu Clausewitz schrieb damals an seinen Vetter Horst von Hessen: „Bin heute im hohen Norden durch ein 2-Häuser-Dorf namens Wacken geritten. Gestunken hat's für zehn."
Dann ist wieder 713 Jahre Ruhe (Okay, Oma Meier stirbt an 'ner Heringsallergie und drei Kinder werden geboren, aber sonst ...) bis 1861 der Grundstein für die Heiligen-Geist-Kirche gelegt wird. Dadurch steigt Wacken zum Mittelpunkt aller Plumpsklos im Umkreis auf und die Einwohnerzahl vervielfacht sich (von 17 auf 18 auf 19 usw.).
Wiederum nur 106 Jahre später erklärt Knut Kiesewetter die Gemeinde zum ländlichen Zentralort. Heißt auf Deutsch, Wacken gehört ab jetzt zur Ostzone, bekommt aber zumindest im Ortskern Elektrizität, womit die Gaslaternen auf der Straße der Vergangenheit angehören. So kann das Gehalt des Nachtwächters eingespart und in eine Kindertagesstätte, einen Sportplatz und ein Schwimmbad investiert werden.
Kurz bevor alles zusammenbricht wird 1989 wiedervereinigt. Ändert zwar nichts daran, dass nun endgültig alles zusammenbricht, aber wenigstens sind die Menschen wieder frei. Diese Freiheit nutzen skrupellose Investoren (siehe →Werbung), die flugs das härteste, schnellste und lauteste Heavy Metal-Festival der Welt installieren, bevor die Einwohner das Wort Marktwirtschaft überhaupt buchstabieren konnten. Und daran hat sich bis heute nichts geändert, weshalb die desillusionierten Eingeborenen Flucht im trivial-lokalen Unterhaltungsprogramm suchen. Zerstreuung bietet der gemischte Chor „Mensch und Schaf" (singen

laut Homepage auch Popsongs), der Angel-Sportverein Früh-Auf-Spät-Heim (angemessene Kleidung wie Pyjama oder Nachthemd erbeten) sowie der Ortsbauernverband, in dem wöchentlich darüber gestritten wird, ob die Runkelrübe nun mit der Hand (traditionelle Sichtweise) oder doch via Scheibenrad-Wurfhäcksler (progressive Sichtweise) gerodet werden muss. Öffentliche Hinrichtungen sind im ganzen Gebiet seit 2002 verboten, Kapitalverbrechen wie unehelicher Beischlaf oder Manipulieren an Nachbars Traktor werden demnach nur noch mit lebenslanger Haft im Hungerturm bestraft. Doch keine Angst, lebenslang heißt in diesem Fall keine vier Wochen.
Kommunale Partnerschaften bestehen mit dem belgischen Ort Wakken (Nein, wie originell!), der Fliegenden Abteilung des Heeresfliegerregimentes 6 Hungriger Wolf Hohenlockstedt (Echt wahr!) sowie der Trinkhalle Dortmund West (bei Rosi klingeln). Die medizinische Versorgung ist ebenfalls gewährleistet, wobei die Nachfrage hier das Angebot bestimmt. Ein Arzt und vier Tierärzte, was soll man dazu sagen? Wer sich dem speziellen Charme dieser glitzernden Einöde nicht länger verwehren mag, sollte schnell zuschlagen, denn es gibt nur noch einige (seit September 2003 unverändert) wenige günstige Baugrundstücke. Black Metaller können übrigens auch ein Hünengrab beziehen, die stehen hier schon ziemlich lange in der Gegend rum und sind den Umständen entsprechend gut erhalten. Abschließend erhält Bürgermeister Axel Kunkel (Nein, kein Kommentar zu diesem Politikernamen.) das Wort, der in seiner Festschrift zum 15-jährigen Bestehen des W:O:A feinsinnig anmerkte: „Dieses Festival hat einen besonderen Charme." Ihr Ort auch, Herr Bürgermeister, ihr Ort auch.

Wasser, durchsichtiges

Ist in manchen Teilen der Erde ein rares Gut. Vor allem in West-, Ost-, Zentral- sowie Süd-Afrika (abzüglich Südafrika, aber zuzüglich Swaziland), diversen unmotiviert in der Gegend herumliegenden Wüsten, spontan entstandenen Naturkatastrophengebieten und in Wacken. Ja, da darf der unbedarfte Leser sich ruhig am Kopf kratzen und fragend auf den Wasserhahn in der Küche zeigen. So gut hat es der negroide Araber oder ein Wacken-Besucher nämlich nicht. Ganz egal, ob Wüstensohn oder Zeltplatzbewohner, sie alle kämpfen an besonders heißen Tagen

gegen den (Nach-)Durst und somit gegen ihren eigenen Körper, der dem Darbenden gerne mal einen Streich in Form einer Fata Morgana spielt. Wie wir bei Sindbad gelernt haben, sieht die in der Wüste immer so aus: drei Palmen, zwei Kamele, ein Tümpel und vielleicht noch ein paar geheimnisvolle Schönheiten, die dem zufällig vorbeikriechenden Todgeweihten einen silbernen Teller voll einheimischer Spezialitäten (Datteln, Ka(ra)mel(l)pudding, Grünkohl mit Pinkel etc.) anbieten.
In Wacken hingegen erscheint dem trocken Bekehlten nicht mehr als eine funktionierende Waschstation samt trinkbarem Nass am Horizont, doch wenn er am fixierten Punkt angelangt ist, lacht das Kamel und der Headbanger wundert sich. Zwar ist die olle Wanne samt Feuchtelementverkabelung (ostzonal für: Wasseranschluss) noch da, funktionstüchtig geht aber irgendwie anders. Die →Veranstalter verweisen in diesem Zusammenhang gerne auf randalierende Festivalbesucher, was angesichts der Dichte (…) an temporär Unzurechnungsfähigen durchaus im Bereich des Möglichen liegt. Viel wahrscheinlicher ist allerdings, dass die sauberen Herren vom Vorstand bereits von vorneherein defekte Apparaturen installieren, um hintenrum die Kosten zu drücken und vornerum die 14 Euro Preiserhöhung pro Karte fürs nächste Jahr zu rechtfertigen.
Unschön, doch es geht noch dreister. Nicht nur einen läppischen Vogel, sondern gleich einen ganzen Schwarm trächtiger Flugenten (polnisch) schoss nämlich die zuständige Firma „Sani Service Team“ ab, als sie im Jahr 2002 die Beschwerde eines Campingplatzbewohners wie folgt beantwortete: „Das Wasser ist immer etwas braun in der Region, das hängt mit dem hohen Eisengehalt zusammen.“ Zur Überprüfung dieser These begeben wir uns ohne zu zögern auf die Homepage des Wasserverbandes Süderdithmarschen und stellen fest, dass der Eisengehalt in der Region bei 0,02 Milligramm pro Liter liegt, wobei die Skala von 0,01 mg/l (Bestwert) bis 0,2 mg/l (Grenzwert) reicht. Ähem, „Sani Service Team“, hat da jemand die Tabelle verkehrt herum gelesen. Oder vielleicht eher nicht gelesen und stattdessen einfach nur ein bisschen Sülz verbreitet? Oder habt ihr am Ende gar einen Azubi abgestellt, der das böse Eisen aus dem Wasser höchstpersönlich rausgesaugt und in einen Eimer gespuckt hat? Alles denkbar. Manches mehr, manches weniger.

Werbung, keine
Sponsored by nobody! Okay, verschämt präsentiert von Axel Springers Metal Hammer, ein ganz klein bisschen unterstützt von Jim Beam und Prince, und die Riesenflagge von EMP hängt wirklich immer nur deshalb am Technikturm, weil es sonst reinregnen würde. Coca-Cola ist ja auch ein kommunistisch geführtes Unternehmen, wenn man von der privaten Gewinnerzielungsabsicht, den Millionengehältern für die Manager und dem angewandten Hire-and-fire-Prinzip für die Schichtarbeiter absieht.
Ist schon klar, es will sich niemand am Wacken Open Air bereichern, wir sind ja alle froh, wenn es am Ende plusminus null ausgeht. Die große Heavy Metal-Familie und so. Oh, liegt da unten ein Scheck von Nuclear Blast, damit noch schnell fünf C-Klasse-Bands von denen aufs Billing rutschen können? Tja, da vergammeln über den Daumen gepeilt 70.000 CDs von diesen Krücken im schwäbischen Lager, und die müssen ja irgendwie in den Wirtschaftskreislauf eingeführt werden. Und wenn es nicht anders geht, dann halt mit Überpräsenz auf jedem europäischen Festival, bis auch der letzte Banger aus Mitleid eine Platte nach Hause geschleppt hat. Ist wieder Platz für neuen Schrott. Nein, das ist kein Unsinn, sondern Marktwirtschaft. Puh, langer Text. Jetzt erstmal eine dänische Fluppe rauchen, die Bild lesen und vielleicht einen Whiskey heben. Mmh, lecker. Kommt der von den saftigen, mit Bluegrass bedeckten Hügeln Kentuckys?

X, für ein U
Lässt sich der Wacken-Fan nicht vormachen. Nein, da werden an jede Band große Qualitätsansprüche gestellt, und nur wenn die Leistung überzeugend war, gibt es Applaus. Zufällig ist aber jede Band, die auf dem W:O:A spielt, sowas von überzeugend, dass durchgehend gejubelt werden kann. Völlig egal, ob *Metalium* mal wieder irgendeine Geschichte aus 'nem Knax-Heftchen vertonen oder *Eisregen* ihr neues Konzeptalbum über Brustnippelkrebs vorstellen, alles knallt die Patschen zusammen, wie ein Rudel Seehunde im Zoo von Wuppertal. Schön für die Künstler, fürs Publikum auf Dauer jedoch sehr eintönig.
Ein erster Schritt in die Gegenrichtung wurde 2004 unternommen, als man Jutta Weinhold zu (im Verhältnis gesehen) später Stunde auf die klatschgeilen Massen losließ. Da blieb manchem Jovialjubler der

Beifall auf halber Strecke im Ärmel stecken. Wenn jetzt demnächst noch die italienischen Powerstümper von *Nightcloud* oder gar *Star Queen*, das bulgarisch-finnische Konglomerat des Prog-Grauens, verpflichtet werden könnten, wäre das zu schön. Und ich hätte da auch noch einen Headliner für die Black Stage: Freitagabend, 22 Uhr, 35.000 Fans halten präparierte Plastikflaschen und →Matschklumpen bereit. Die Luft zittert vor Spannung. Das Intro läuft. Volles Licht, die PA aufgedreht für: *Wykked Wytch*. Und wer dann noch klatscht, wird ohne vorhergehende amtsärztliche Untersuchung in die nächste Nervenheilanstalt eingeliefert.

Xanthelasma, das
Medizinischer Ausdruck für einen gelben Fleck am Augenlid. Könnte man bekommen, wenn man zuviel von der →Pizza oder dem →Döner isst oder in der ersten Reihe steht und die Spucke von Lemmy abbekommt. Hat ansonsten rein gar nichts mit Wacken zu tun, ist aber ein schönes Wort.

Yggdrasil, wild wuchernd
Ja, da fahren wir Metaller drauf ab. Germanische Mythologie, Götterdämmerung, ganz großes Kino.
Denen, die sich bisher nicht für diesen Plumperquatsch erwärmen konnten, sei erklärt, dass Yggdrasil die Weltenesche ist. Unsere Erde ist also weder Scheibe noch Kugel, sondern ein Stück Grün, auf dem ein Baum steht. Dieser wird von drei Wurzeln gehalten, von denen eine zu den Menschen reicht, eine zu den Riesen (zu wem auch sonst) und eine steht über Niflheim, was nicht in der Nähe von Eisenhüttenstadt liegt, wie man bei dem Namen vermuten könnte, sondern die nebelige Unterwelt bezeichnet. (Obwohl, passt ja doch ganz gut zu Eisenhüttenstadt.) Die Zweige dieser Zauberesche wölben sich über den Himmel, damit es bei den von *Amon Amarth* besungenen Nornen nicht reinregnet.
Soweit die Mythologienachhilfe, kommen wir zu den Fakten: Das Ding existiert wirklich, steht auf Campingfläche D (dritte Esche von links) und wenn noch ein Metaller dagegen pinkelt, fällt das Ding um und die Welt geht unter. Nur mal so zur Info …

Ymir, der
Na, immer noch nicht genug von germanischer Mythologie? Von mir aus, bitte. Der Riese Ymir ist das Urlebewesen, quasi Adam und Eva in eins, nur hässlicher, weil mit sechs Schädeln ausgestattet. Weil sechs Köpfe sehr viel Hunger haben, musste sich die Urkuh Audhumbla ganz schön ins Zeug legen, um das aus Eitertropfen, Eistropfen oder Eiertropfen (je nach Übersetzung) erwachsene Monster zu ernähren. Hat angeblich geklappt, war aber sinnlos, denn Odin und ein paar Kumpels kloppten den bösen Riesen irgendwann zu Matsch und formten aus seinem Leichnam die Welt wie wir sie heute kennen. Toll, aber leider von den Asiaten geklaut. Denn dort zerhäckselte der babylonische Gott Marduk seine Drachenmama Tiamat, um aus dem Echsengulasch Himmel und Erde zu kneten. Na, kann die werte Leserschaft die Parallele zum W:O:A ziehen? Nein? Ich auch nicht. Es gibt halt einfach zu wenige Wörter mit Y.

Zehn Gebote, modifizierte
1. *Du sollst nicht andere Festivals haben neben mir.* Denn wenn du deine Kohle in Balingen oder Abtsgmünd zum Fenster rauswirfst, kannst du dir die Karte für Wacken nicht mehr leisten. Von unserem überteuerten Merchandise-Scheiß gar nicht zu reden.

2. *Du sollst dir kein Bildnis, noch irgendein Gleichnis machen.* Akzeptiere das, was wir dir vorsetzen und frage nicht wieso und warum. Du bist eh zu behämmert, um die komplizierten Abläufe einer Festivalorganisation zu begreifen.

3. *Du sollst den Namen des Festivals nicht unnützlich führen; denn die Herren über Wacken werden die nicht ungestraft lassen, die ihren Namen missbrauchen.* Denk nicht mal dran, deine private Geburtstagsfete mit irgendeinem unserer geschützten Warenzeichen zu versehen. Ansonsten jagen wir dich durch alle Instanzen bis zum Jüngsten Gericht.

4. *Du sollst den Festivaltag ehren.* Und wenn wir noch drei Tage dranhängen, eine Night Before The Night To Remember oder was auch immer uns einfallen möge. Sei glücklich, bei uns sein zu dürfen, und jammere nicht über die bescheidenen Verhältnisse vor Ort. Anderen geht

es im Übrigen noch schlechter als dir (zum Beispiel: Uganda, Sundabarns-Inselgruppe, Nicaragua).

5. *Du sollst deine Väter (Thomas Jensen, Holger Hübner) und deine Mutter (Sheree Hesse) ehren, auf dass dirs wohlgehe und du lange lebest auf Erden.* Das Forum auf unserer Homepage ist mithin da, um uns zu preisen, und nicht um Schmähungen loszuwerden. Wie alt du wirst, ist uns eigentlich wurscht, solange du nicht auf dem Festivalgelände tot zusammenbrichst. Das gibt schlechte Presse.

6. *Du sollst nicht flöten.* Denn die Blockflöte ist ein Instrument des Satans. Wer sie auf dem Gelände bei sich führt, wird exkommuniziert und für vogelfrei erklärt.

7. *Du sollst nicht ehe(r)brechen, als dass du 7 Liter →Bier getrunken hast.* Denn auch die Händler wollen leben, beziehungsweise erstmal die horrende Standgebühr an uns bezahlen.

8. *Du sollst nicht stehlen.* Vor allem nicht, was uns gehört. Das ist in Wacken praktisch alles, also lass die Hände am besten gleich in der Tasche, du elender Strauchdieb. (Ja, auch die Sträucher gehören uns!)

9. *Du sollst nicht falsch Zeugnis reden wider deinen Nächsten.* Wirst du also gefragt, wie dir das letzte Wacken Open Air gefallen hat, so sprich

voll Begeisterung von einem fantastischen Event, auch wenn es drei Tage geschüttet hat und als Headliner wieder nur die Jungfrau Doro Pesch erschienen ist. Wacken ist per se immer toll, merk dir das!

10. *Du sollst nicht begehren deines nächsten Zelt.* Neid, Missgunst und Gier passen nicht zu einem Festivalbesucher. Solcherlei Charakterzüge bleiben einzig den →Veranstaltern vorbehalten.

Zehn Sätze, die man als Besucher in Wacken nicht hören möchte
1. Bevor die zehn Hektoliter Clausthaler nicht alle sind, schenk ich kein →Bier aus.
2. Uh, sieht nach Regen aus.
3. *Iron Maiden*? Die haben schon vor zwei Stunden auf der WET-Stage gespielt.
4. Hast du gerade aus meiner Flasche getrunken? Sorry, ich hab Magen-und-Darm-Grippe.
5. Kann es sein, dass ich dein Portemonnaie vor 'ner halben Stunde auf dem Tresen der Bratwurstbude vor der Party Stage gesehen habe?
6. Ob ich mich traue, dem Typen hier vor mir aufs T-Shirt zu kotzen? Klar!
7. Psst, ich hab gerade den Jensen belauscht und weiß jetzt, wer nächstes Jahr Headliner ist: Danzig.
8. Wo ist eigentlich dein Festivalbändchen?
9. Korrekt, in der Richtung, wo gerade der schwarze Rauch aufsteigt, steht unser Zelt. Ob ich den Gaskocher ausgemacht habe? Was für ein Gaskocher?
10. Der Fahrer des Wagens mit dem amtlichen Kennzeichen AB-CD-189 wird gebeten, sich sofort bei der Polizei zu melden. In ihrem Kofferraum wurde soeben Osama Bin Laden entdeckt.

Zoll, temporär hyperaktiver
Was machen eigentlich die Kollegen vom Zoll so den lieben langen Tag, nachdem man ihnen im Rahmen der EUisierung fast alle Grenzen weggenommen hat? Nun, ein paar von denen lungern trotzdem kurz vor Holland herum und warten, ob sie das Gras wachsen hören können. Andere versammeln sich regelmäßig kurz vor Polen und warten auf

günstig geschmuggelte Zigaretten, von denen schon mal eine Stange unter den Mannschaftswagen fällt. Kann ja passieren.
Wiederum andere Beamte des Abfertigungsdienstes schlagen ihre Zeit am Hamburger Hafen tot und passen auf, dass zwischen den Bananen aus Afrika nicht versehentlich ein eben dort hingehörender Bananenpflücker oder seltene Papageien liegen. Und der Rest der Bande schaukelt sich in Heide und Umgebung 362 Tage im Jahr das Gemächte.
Nur wenn Wacken ist, nehmen sie die Hände aus den Hosentaschen und spielen Ernstfall. Denn wer weiß, was die Rockersippe so alles auf den Acker schleppt? Crack, LSD, Malzbier! Vielleicht Mikrofilme, auf denen Umsturzpläne verzeichnet sind. Metal Milita-Putsch gegen Gerhard Schröder oder so. Am Ende versteckt sich im Opel Corsa aus Bergisch-Gladbach möglicherweise sogar der Osama Bin Laden.
Sehr wahrscheinlich haben 99,8 Prozent der Wagen nicht mehr als ein paar Dosen →Bier und ein Zelt geladen, aber besser ist's, man schaut nach. Vor allem dann, wenn die potentiellen Terroristenwirte, denen man da den Mastdarm ausleuchtet („Herr Bin Laden. Wenn Sie da drinnen sind, kommen Sie mit erhobenen Händen raus".), einem via Steuergelder das eigene Gehalt bezahlen. Da sieht man als betroffener Wacken-Besucher wenigstens, dass die Kohle gut angelegt ist, selbst wenn man durch die Kontrolle den einen oder anderen Jahrhundert-Auftritt seiner Lieblingsbands verpasst. Deshalb immer fleißig weitermachen, ihr lieben Zollamtsforstwachtmeisterhauptsekretäre. Und sollte doch mal ein Krümelchen Marihuana abfallen: Schön an die eigenen Kinder denken, ist ja bald wieder Weihnachten.

Ein Lied für Wacken

Die Lindenstraße hat eins, jeder Fußballbundesligist hat eins, die Kirche hat ganz viele und selbst die deutschen Skihüpfer um Martin „40 Meter kürzer als der Rest. Also, ich bin mit dem Sprung ganz zufrieden“ Schmitt bekommen Jahr für Jahr ein neues. Nur das größte Musikfestival diesseits des Uranus hat keins. Höchste Zeit also ein paar fähige Songschreiber zu kontaktieren, um diesen Missstand endlich zu beheben. Ein Lied, um nicht zu sagen sechs Lieder für Wacken! Ach ja, die zu singende Melodie ist der Unterzeile zu entnehmen. Und bitte sehr:

W:O:A

frei nach: Manowar „Carry On“

Das Nordlicht führt mich
Nach Schleswig-Holstein hinein
Kurz hinterm Vaalermoor weist mir Thor
Den Weg zum heil’gen Schrein
Zwischen Kühen
Und Schafen, ja dort soll es sein
W:O:A, wir würden kommen
W:O:A, für bares Geld
W:O:A, spielen Manowar
Auch am End der Welt
Solang wie wir zusammen sind geht’s nur ums bare Geld
W:O:A, W:O:A, unterschreib doch schon den Scheck
WO:A, W:O:A, sonst bin ich wieder weg

Ode an die Brüderlichkeit

frei nach Iron Maiden „The Trooper“

Du trinkst mein Bier, aber ich trink deins
Ich nehm dein Mädel und nun nimmst du meins
Trotz alledem schlagen wir uns nicht
Denn Teilen ist Metaller-Pflicht

Hier auf dem Campingareal
Hat man eh nicht die geringste Wahl
Bei dem ganzen Hin und Her
Fällt die Zuordnung besonders schwer

Ohohohohohohoho
Ohohohohohohoho

All überall liegt Zeug herum
Alle zwei Meter fällt ein Banger um
Wenn interessiert da dein und mein
Gib einen aus, denn so soll es sein

Nur die da hinten von Platz C4
Bekommen nichts von unsrem Bier
Denn das sind Russen, ich seh's von fern
Und Russen hab ich nun mal gar nicht gern

Ohohohohohohoho
Ohohohohohohoho

Der Rest des Textes wurde vom Komitee zur Erhaltung und Pflege deutsch-russischer Freundschaft e.V. gelöscht.

Das Lied vom traurigen Bauern

frei nach Blind Guardian „A Past And Future Secret“

Klimper

Oh, ich war schon länger nicht mehr hier
Mein Grund und Boden sieht aus wie Sau, nun
Mein Acker im Arsch, mein Acker im Arsch
Ich hab’s gesehen

Klimper

Hö’ ma Typ, ich red jetzt Klartext
Soweit ich mich noch erinnern kann
Ich sprech hier von zwei jungen Langhaardackeln
Die vor ein paar Jahren aufgetaucht
Wollten mein Gelände günstig mieten
Für ein Festival mit lautem Sound
Hab gedacht, kann ja nicht wirklich schaden
Und nun hab ich das Grand Malheur
Sitz in den Trümmern ganz allein

Mein Acker im Arsch, mein Acker im Arsch, mein Acker im Arsch
Oh, ich brauch sofort ein Bier
Mein Acker im Arsch
Lass die Kiste gleich hier stehen

Klimper

Mir wird kalt
Wenn ich bloß nur daran denk
Bringt ihm doch mal einen Schnaps
Das Erdreich aufgewühlt
Der Rasen dunkelbraun
Bringt ihm noch ’nen zweiten Schnaps
Ab jetzt halt ich vor meinem Acker Wacht

Mein Acker im Arsch, mein Acker im Arsch, mein Acker im Arsch, mein Acker im Arsch
Und der Atommüll, den ich dort
Mein Acker im Arsch
Einst vergrub in dunkler Nacht
Mein Acker im Arsch
Kommt wieder hoch

Klimper

Panzer Division Steinburrg
frei nach: Marduk (Song egal)

AhiiiiiiChhhhhhh
Wackerrr Ackerrr
Uuuuuhhh dunkel
Böse Möse Jesus
Christus AhiiiiiiChhhhhhh
Buäääähh RrrzmpfLuziferrrzmpf
YeahYeahhhh Inzesssst
Drittes Reichchchchchchchchch
Kinderschädeltrommelsolo
Tababuuu Brruuchchchch
AhiiiiiiistguuutChhhhhhh
UhhhhhweeiiiilgeeeldUhhhh
In bähhhhhhWacköööön
Wohnt chchcchchö Sataaan
Vielleichttttttsss …
Dramatisches Outro mit Samples von Reinhard Heydrich, Joseph Goebbels und Lieselotte Pulver

Ein guter Gig in Wacken

gar nicht mal so frei nach J.B.O. „Ein guter Tag zum Sterben“

Ich stehe mittags auf, es ist halb eins
Um mich rum türmt sich das Bargeld, alles meins
Zuvorderst stoße ich mir den Kopf an einem Gucci-Bügel an
Darauf trink ich einen Dom Perignon mit einem Schüsschen Lebertran
Der Drink kommt gut, der Schädel dreht, ich halte halt nichts aus
Deshalb haut's mich geräuschvoll aus den Pantinen, zwei Nutten klatschen Applaus
Ein Diener kommt und hilft mir auf, das kann doch alles nicht sein
Bin doch nur ein armer Musikant, doch dann fällt's mir wieder ein

Das war ein guter Gig in Wacken
Die Gage gab's wieder mal in bar
Ohne Steuerlast und Finanzamt
Unterm Tisch, das ist doch klar

Ein guter Gig in Wacken
Die Menge hat getobt
Mit drei Akkorden und 'ner rosa Jacke
König Alkohol sei gelobt

Bevor sich die Nebelschwaden verziehen reicht man mir schnell das Koks
Trotzdem fällt es schwer zu glauben, dass wir mit unsren Jokes
Die Krüger und Dall, Stelter und Pohl, ja selbst Carrell zu uncool wärn
Gestern wieder abgeräumt haben, doch ich glaub es gern
Denn durch das Panoramafenster im Herrensalon fällt ein greller Schein
Hab ich den Bentley noch in der Nacht gekauft? Ja, dann sollt es wohl so sein
Schließlich sind wir J.B.O. die Kaspar vom Dienst, die Götter der Comedy
Und was ich in einer Stunde verdiene, verdienst du im Leben nie

Das war ein guter Gig in Wacken
Der Aufwand minimal
Die Verhältnisse chaotisch
Die Gage phänomenal

Ein guter Gig in Wacken
Das Jahr ist schnell vorbei
Und bevor du dich versehen tust
Sind wir auch beim nächsten Mal dabei

Dann bespielen wir eine Platte, dann gehen wir auf Tour
Dann sind wir wieder lustig, pünktlich um 20 Uhr

Schlaues Solo, das den Eindruck von Dilettantentum erwecken soll, beim zweiten Hinhören aber doch ganz schön dolle anspruchsvoll sein könnte

Beim Hannes steigt 'ne Fete, mit meinem Dritt-Benz fahr ich da vor
Sein Parkwächter fragt nach der Geheimparole und öffnet das goldene Tor
Im Eingangsbereich liegt Smaragdstaub verstreut, das ist irgendwie schon arrogant
Nicht zu reden vom Klopapier aus samtner Seide und vom Picasso an der Wand
Der Hausherr kommt mit zwei Gläsern Bier und flüstert mir leise zu
„Unsre T-Shirt-Preise sind viel zu niedrig, das lässt mir keine Ruh"
Ich lache kurz, starre ihn an und frage: „Kommst du noch ganz klar?"
Leih dir was vom bandeigenen Geldinstitut, bis zum nächsten W:O:A

Das wird ein guter Gig in Wacken
Rieche schon den Duft vom Geld
Heute kaufe ich mir ganz Erlangen
Und morgen den Rest der Welt

Ein guter Gig in Wacken
Und schon ist die Rente drin

Das freut mich und meine Erben
Wenn ich gestorben bin

Anmerkung des Autors: Der Text bemüht sich um Authentizität. Deshalb wurden Versmaße, grammatikalische Regeln (deutsch), Originalität und Niveau einzig dem Ziel untergeordnet, ein Wort zu finden, das so ähnlich klingt, wie das in der Zeile zuvor. Mit der Bitte um Verständnis.

Ich habe sie ganz laut gefragt

frei nach Saxon „Princess Of The Night"

Sie hatte so ein Pferdegesicht vom Scheitel bis zum Kinn
Sie irgendwann zur Frau zu nehmen kam mir nicht in den Sinn
Ihr dicker Arsch, der Mundgeruch und Grind zwischen den Zehen
Doch eines Jahres in Wacken, ließ ich mich einfach gehen

Ich habe sie ganz laut gefragt
Willst du mich heiraten, mein Schatz
Warum nicht, hat sie gesagt
Und schon war alles klipp und klar

Kinder, Couch, Karezza (*bitte im Duden nachschlagen*), alles nicht mein Ding
Ich hab doch solche Wurstfinger, was soll ich mit 'nem Ring?
Doch dort im schönen Wacken war ich sternhagelvoll
Und dachte, so ein Heiratsantrag wäre sicher toll

Ich habe sie ganz laut gefragt
Willst du mich heiraten, mein Schatz
Warum nicht, hat sie gesagt
Und schon war alles klipp und klar

Ich habe sie ganz laut gefragt
Über die PA der Party Stage
Die Zuschauer haben gelacht
Und das vollkommen zu Recht

Nun sitz ich hier mit Trulla, den ganzen Tag zu zweit
Die Glotze läuft, die Fluppen brennen, sie fragt: „Bist du bereit?“
Erstmal Britt und Salesch, dann die Sendung mit der Maus
Zum guten Schluss noch zwei, drei Soaps, Oh Gott, ich muss hier schnellstens raus

Ich habe sie ganz laut gefragt
Vor lauter fremden Metal-Fans
Keine Sau hat mich gewarnt
Und jetzt hab ich den Salat
Salat
Salat
Salat

Sternstunden (Dein Wacken-Horrorskop)

Die Masche, Schicksalsdeutung anhand von Sternzeichen zu betreiben, wurde in der Steinzeit erfunden, damit Frauen, die in Höhlen auf ihre Mammut jagenden Männer warteten, irgendwas zu tun hatten.
Im Mittelalter beschäftigte sich die katholische Kirche eingehend mit der Astrologie und machte den Anhängern dieser gotteslästerlichen Visioniererei gerne mal ordentlich Feuer unter dem Arsch.
Heutzutage gibt es Horoskope nur noch, weil Männer nicht mehr jagen gehen, sondern arbeitslos auf der Couch sitzen und die Frauen Ablenkung nötiger haben denn je. Streng wissenschaftlich betrachtet ist der so genannte Barnum-Effekt, also das Akzeptieren von allgemeingültigen Aussagen als zutreffende Beschreibung der eigenen Person, alberner Hokuspokus … und damit wie geschaffen für die Heavy Metal-Szene.
Das nun folgende Horoskop stützt sich nicht auf ernst zu nehmende Daten, stimmt aber trotzdem. Vielleicht. Mal sehen. Auf jeden Fall gilt es nur (!) für Besucher des diesjährigen Wacken Open Air. Wer sein Horoskop fürs nächste W:O:A erfahren möchte, drehe die nun folgenden Seiten auf den Kopf, ziehe dabei gedanklich eine Linie vom Pluto zum Nordlicht, ohne einen linksdrehenden Fixstern zu tangieren und pfeife dabei den Song „Starlight“ von *Helloween* rückwärts. Alles Weitere ergibt sich von selbst.

Jungfrau (24. August bis 23. September)

Allgemeine Eigenschaften: intelligent, zuverlässig, ordentlich, sparsam

So, liebe Jungfrau. Jetzt lesen Sie sich Ihre Eigenschaften noch mal ganz langsam durch und stellen Sie sich dann bitte folgende Frage: Was hat ein Mensch wie ich auf dem W:O:A verloren? Eben, gar nichts. Angenehme Rückreise, Sie können zu Hause ja schon mal feucht durchwischen und die Konservendosen in der Speisekammer nach Farben sortieren, bis der Rest auch zurück ist.

Waage (24. September bis 23. Oktober)
Allgemeine Eigenschaften: charmant, teamfähig, diplomatisch, unentschlossen

Als Teamplayer werden Sie am Freitag auf eine harte Probe gestellt. Zwei ihrer Freunde wollen um 18 Uhr unbedingt zur Party Stage, während die drei anderen die True Metal Stage bevorzugen. Dank Ihres diplomatischen Geschicks reißen Sie die Diskussion an sich und vermitteln zwischen den feindlichen Lagern. Der gesamte Tross begibt sich auf Ihr Geheiß zur Karaoke Stage, wo ein paar besoffene Vollidioten Songs von *Judas Priest* kaputt grölen. So hat keiner bekommen, was er wollte und Sie erhalten die Quittung dafür. Da Sie aber so verdammt charmant sind, gibt es von jedem nur eins auf die Fresse.

Skorpion (24. Oktober bis 22. November)
Allgemeine Eigenschaften: leidenschaftlich, ehrgeizig, konsequent, verschlossen

Ihr Ehrgeiz bringt Sie eines Tages noch um. Am Donnerstag reicht es allerdings nur für das Sanitäterzelt mit direkter Verbringung in das Krankenhaus zu Itzehoe. Das Wettsaufen mit dem Zeltnachbarn aus Norwegen geht also knapp verloren, dafür brechen Sie das Wodka/ H-Milch-Gemisch umso leidenschaftlicher wieder aus. Mit ihrer verschlossenen Art kriegen Sie die scharfe Nachtschwester aber nie rum, zumal Sie Ihr Aszendent Mars heute weder bei Sport noch bei Spiel mobil macht. Ungünstige Sternenkonstellation und Alkoholvergiftung hin oder her, reißen Sie sich endlich mal am Riemen, Sie Memme!

Schütze (23. November bis 21.Dezember)
Allgemeine Eigenschaften: idealistisch, sportlich, freiheitsliebend, offen

Unsinnige Regeln sind da, um gebrochen zu werden. So lautet Ihre Maxime, die Sie am Donnerstag einmal mehr in die Tat umsetzen. Gepaart mit Ihrer Sportlichkeit gehen Sie volles Risiko, um Ihre Sicht der Dinge durchzudrücken. In diesem Fall funktioniert es aber leider nicht, denn die Zäune rund um das W:O:A-Gelände erfüllen einen Zweck. Leute wie Sie, die der Meinung sind, Open Airs auch ohne Eintrittskarte besuchen zu können, werden von den Veranstaltern nämlich ungern gesehen. Ein freundlicher Security-Mann pflückt Sie vom Gatter und bringt Sie in einen Container, wo Sie drei Tage „vergessen" werden. Ob Sie sich deshalb gleich „Nelson Mandela von Wacken" nennen sollten, bleibt Ihnen überlassen.

Steinbock (22. Dezember bis 20. Januar)

Allgemeine Eigenschaften: geduldig, ausdauernd, zielsicher, stur

Es ist schon beeindruckend, mit welcher Sturheit Sie Ihre Ziele verfolgen. Wenn Sie sich etwas in den Kopf gesetzt haben, dann verharren Sie so lange mit verschränkten Armen und muckeligem Gesichtsausdruck, bis es Wirklichkeit wird. Am Samstag ist das aber besonders schwer, denn obwohl Sie es an der Security vorbei bis auf die Black Stage geschafft haben und lauthals „Von Fans, für Fans" skandieren, weigern sich die Verantwortlichen standhaft, Sie und Ihre Demoband, die *Gorgonzolagodzillas Of Death*, um 20 Uhr spielen zu lassen. Sind wahrscheinlich auch alles Steinböcke, diese großkopferten Deppen.

Wassermann (21. Januar bis 19. Februar)

Allgemeine Eigenschaften: tolerant, humanistisch, rebellisch, diskussionsfreudig

Ein Blick auf die Eigenschaften genügt: Wassermänner sind der Prototyp des Heavy Metal-Fans. Eigentlich. Am Donnerstag stehen Ihnen diese Charaktermerkmale aber eher im Weg, als Sie beim Streifzug über den Metalmarkt das *Iron Maiden*-Album „Bruce Lee vs. Bruce Dickinson" von 1987 entdecken. Obwohl Sie dem syrischen Händler (Wassermänner haben keine Vorurteile!) mehrmals erklären, dass es diese Scheibe definitiv nicht geben kann, bleibt der Mann bei seiner Einschätzung, es würde sich um eine offizielle Veröffentlichung der Briten handeln und belegt Sie schließlich mit einem muselmanischen

Fluch. Das macht aber gar nichts, denn Saturn parkt an diesem Tag mit seinem Zweitwagen vor dem dritten Haus des Merkurs und das schützt den Wassermann sowohl vor Hexereien aus dem Mittleren Osten, als auch vor Voodoo und Hepatitis B. Glück gehabt!

Fische (20. Februar bis 20. März)
Allgemeine Eigenschaften: hilfsbereit, sanft, zurückhaltend, bescheiden

Halten Sie sich von Donnerstag bis Samstag von allen Moshpits fern, die Ihnen auf dem Gelände entgegenkommen. Da es Ihre Art ist, sich bei jedem, den Sie anrempeln, minutenlang zu entschuldigen, könnte es zu Komplikationen kommen. Zudem beißt Pluto den Uranus, was nichts Gutes bedeutet. Genaures wissen wir aber leider auch nicht. Sie schaffen das schon!

Widder (21. März bis 20. April)
Allgemeine Eigenschaften: tatkräftig, risikofreudig, optimistisch, rücksichtslos

Ihr Element ist das Feuer, aber Sie sollten es nicht übertreiben. Sich jeden einzelnen Gig von der ersten Reihe aus anzusehen, ist okay, wenn Sie es körperlich denn verkraften können. Aber warum zur Hölle halten Sie ihre Rübe immer direkt in die Pyroeffekte? Wollen Sie jemandem imponieren? Haben Sie Minderwertigkeitskomplexe? Sind Sie einfach nur durch mit der Welt? Wahrscheinlich eine Mischung aus allem, aber das ist bei Widdern ja nichts Neues. Fragen Sie mal bei Ihrem Sternzeichengenossen Hitler nach, der war Experte in solchen Sachen.

Stier (21. April bis 20. Mai)
Allgemeine Eigenschaften: genießerisch, gefühlsbetont, großzügig, häuslich

Ihr Leben wird vom Liebesplaneten Venus beherrscht, weshalb Sie natürlich auch auf dem Wacken Open Air auf Hühner- beziehungsweise Hähnchenjagd gehen. Die Mucke interessiert Sie nur am Rande, es geht um williges Fleisch, das vor ihrem Zelt flaniert und in selbiges hineingezogen werden will. Da die Duschen auf dem Gelände wie üblich nicht funktionieren oder dermaßen kaltes Wasser absondern, dass selbst jemandem wie Ihnen die Libido abfrieren würde, stinken Sie am Samstagvormittag zum Steinerweichen. Okay, die potentiellen Geschlechtspartner müffeln ebenfalls wie die Stuhlsitzfläche einer 57-jährigen Aldi-Kassiererin, aber wird es dadurch besser? Nein, und deshalb behalten Sie Ihre Körpersäfte einfach mal für sich. Hochziehen und runterschlucken, machen Sie sonst doch auch so ähnlich.

Zwilling (21. Mai bis 21. Juni)

Allgemeine Eigenschaften: flexibel, geschickt, oberflächlich, wissbegierig

Zwillinge zeichnen sich durch eine gewisse Schnelligkeit aus, was Ihnen beim berüchtigten Vier-Bühnen-System des W:O:A natürlich hilft. Auch Ihre Geschicklichkeit kommt Ihnen zu Gute, die Schlange vor dem Haupteingang haben Sie in Windeseile hinter sich gelassen. Ihre Oberflächlichkeit zahlt sich immer dann aus, wenn Ihnen weitläufige Bekannte auf dem Campingplatz oder vor dem Dixi in die Arme laufen. „Ja, toll hier. Nee, die Band hab ich verpasst. Ja, die guck ich mir auch noch an. Tschüss dann." Diese Art des Smalltalks beherrschen Zwillinge wie kein zweites Sternzeichen. Nur Ihre Wissbegierigkeit wird Ihnen am Freitag das Genick brechen. Na, jetzt würden Sie sicher gerne lesen, was dahinter steckt. Warum Ihnen gerade Ihre Wissbegierigkeit das Genick brechen wird? Sie sind sicher schon ganz nervös, wann denn endlich die Antwort kommt. Weil Sie ja so furchtbar wissbegierig sind. Tja, das ist so … Ach, lassen Sie sich doch einfach überraschen.

Krebs (22. Juni bis 22. Juli)

Allgemeine Eigenschaften: sensibel, treu, launenhaft, nachtragend

Krebse sind, ihren Eigenschaften nach, entweder Frauen oder dem eigenen Geschlecht zugetane Männer. Diese beiden gesellschaftlichen Randgruppen sind vereinzelt auch auf dem W:O:A anzutreffen und stehen dort vor den gleichen Problemen: die hygienischen Mängel, die Unterrepräsentation der Farbe Rosa (Ausnahme: Die fidelen Franken von J.B.O. laden zum Konservenlachen ein) und zu wenig Spiegel. Am Freitag raubt Ihnen ein nachmittäglicher Regenguss den letzten Spaß an der Sache, verdreckt und durchnässt sitzen Sie in Ihrem zugecampten Auto und hadern mit der Welt. Nicht verzweifeln, denn nach Regen kommt der Regenbogen, den Sie ja so schätzen. Sätze wie „Nächstes Jahr fahr ich trotzdem lieber wieder zum Christopher Street Day" sollten Sie im Überschwang der Gefühle lieber nicht zu laut sagen, auch wenn *Judas Priest* der Headliner und Metaller als solche furchtbar tolerant sind. Genießen Sie still das Konzert und verhalten Sie sich ansonsten so, wie Sie es in einem Fußballstadion tun würden. Interessiert gucken und den Impuls unterdrücken, sich alle zwei Minuten die Nase zu pudern. So wird das Wochenende zu einem vollen Erfolg.

Löwe (23. Juli bis 23. August)
Allgemeine Eigenschaften: stolz, narzisstisch, mutig, egozentrisch

Da haben wir ihn endlich: der Löwe, König der Tiere. Ist es ein Zufall, dass dieses über allen stehende Sternzeichen gerade die Zeit umfasst, in der das Wacken Open Air stattfindet? Ja, purer Zufall, aber bei Betrachtung der Eigenschaften wird schnell klar, dass nur wenige Fans im Zeichen des Löwen geboren wurden. Nein, dies muss das Sternzeichen der Musiker sein. Stolz erscheinen Sie auf dem Gelände, umgeben von Ihrer Entourage, die Ihnen bei Notstand das Kokain mittels Strohhalm direkt ins Hirn bläst. Narzisstisch aalen Sie sich im Bühnenlicht und fordern minderjährige Fans auf, die Möpse zu zeigen. Mutig wagen Sie sich mit halbgaren Kompositionen auf die Bretter und erwarten, dass die Menge bei jeder noch so lächerlich überflüssigen Note ausrastet. Doch bevor Sie überhaupt anreisen, überreichen Sie dem Veranstalter erstmal eine Liste mit Dingen, die unbedingt vor Ort sein müssen, weil andernfalls für das Wohlbefinden des Herrn Weltstar nicht garantiert werden könne. Die Egozentrik tropft aus jedem einzelnen Buchstaben dieser so genannten Tour Rider. Mal fordern Sie einen Strauß Silphium für die Garderobe (leider ist diese Pflanze seit der Zeit von Kaiser Nero ausgestorben), dann trinken Sie plötzlich nur noch polynesisches Mineralwasser, handgeschöpft und exakt temperiert. Ja, lieber Löwe, an diesem Wochenende werden Sie sich vor 40.000 Fans als Superstar fühlen können, sich Bestätigung holen, sich abfeiern lassen. Aber spätestens am Dienstag hocken Sie wieder bei der Alten auf der Couch, schlürfen lauwarmen Apfelsaft und gucken hilflos zu, wie Ihre Bälger den sündhaft teuren Plasma-Fernseher in Stücke treten, während die Katze direkt vor Ihnen auf den Teppich kotzt. Und wissen Sie was? Sie haben's verdient!

Warum Iron Maiden niemals auf dem W:O:A spielen werden

Das größte Heavy Metal-Festival Europas und die größte europäische Heavy Metal-Band aller Zeiten (kein Widerspruch!) kommen einfach nicht zusammen. Dafür muss es einen Grund geben, dachte sich James-Till Bondwächter und installierte eine Wanze in die Fernsprechanlage des Wacken-Büros zu Dörpstedt. Das nun folgende Telefonat zwischen Holger Hübner und *Iron Maiden*-Manager Rod Smallwood wurde mitgeschnitten, abgeschrieben, mehrfach überarbeitet und dann frei erfunden.
Sollte die Realität diesen Text eines Tages überholt haben, ist der Name *Iron Maiden* durch *Judas Priest*, *AC/DC*, *Kiss* o. Ä. zu ersetzen.

Smallwood: Der Sheriff von Huddersfield höchstpersönlich am Apparat.

Hübner: Tach. Meine Name ist Holger Hübner und ich rufe an, weil …

Smallwood: Ich hab gerade überhaupt keine Zeit. Ich muss nach Los Angeles.

Hübner: Gut, geht auch ganz schnell. Wir vom Wacken Open Air …

Smallwood: Kenn ich nicht.

Hübner: Nun, Wacken liegt in Norddeutschland und ist Heimat des größten Heavy Metal-Festivals Europas, wenn nicht der ganzen Welt.

Smallwood: Ah, du rufst aus Deutschland an? Bier, Krauts, Nazis und so. Hohoho …

Hübner: Ja, von mir aus. Es geht um den Festival-Samstag, da würden wir Iron Maiden sehr gerne als Headliner auf der großen Bühne sehen. Um

22 Uhr, mit fetter Light-Show, Pyros und natürlich Eddie. Der Dickinson war vor ein paar Jahren mal bei uns, ich glaub, dem hat's gefallen. Wie auch immer, wir könnten euch ein grandioses Angebot machen, 600.000 …

Smallwood: 600.000? Hört sich schon mal gut an, stellt schon mal sechs Koffer bereit. Silber, mit Schaumstofffütterung, hohoho …

Hübner: Wir können euch das natürlich so aufteilen, wenn's ein muss.

Smallwood: Wie, aufteilen?

Hübner: Na ja, sechs Koffer zu je 100.000 Euro.

Smallwood: Hohoho, der Kraut macht Spaß. Erstens reden wir hier über britische Pfund und nicht über euer Spielgeld vom Festland. Außerdem müssen natürlich 600.000 in jedem Koffer sein.

Hübner: Wie bitte? 600.000 Pfund für jedes Bandmitglied?

Smallwood: Blödsinn. Ein Koffer ist für mich. Der Yannick Gers bekommt was zu essen und einen trockenen Platz zum Schlafen. Und Nicko McBrain lahmt am rechten Huf, der kriegt nur 100.000 pro Auftritt. Die andere Hälfte nehme ich in Verwahrung, bis es ihm wieder besser geht, hohoho. Um welches Festival ging es doch gleich?

Hübner: Wacken Open Air.

Smallwood: Kenn ich nicht.

Hübner: Deutschland. Größtes Heavy Metal-Festival der Welt.

Smallwood: Hm, so ein Ausflug nach Bayern hätte natürlich was. Da könnten wir mal wieder unseren Freund Rudolph Moshammer besuchen.

Hübner: Der ist tot. Von 'nem Iraker erwürgt. Abgesehen davon ist es von Wacken schon ein kleines Stück bis nach Bayern, aber wir stellen euch natürlich Limousinen.

Smallwood: Ein Flugzeug wäre besser. Der Dickinson macht das schon. Und dass der Mosi in Bagdad war, um mit den Amis zu kämpfen und dann von einem Iraker erwürgt wurde, glaub ich dir nicht. Ihr Deutschen habt echt einen seltsamen Humor. Um welches Datum geht es eigentlich bei diesem Dings-Festival?

Hübner: Der erste Samstag im August, so wie immer. Ich habe nämlich schon ein paar Mal angerufen, in den letzten 15 Jahren.

Smallwood: Echt? Kann ich mich jetzt nicht erinnern. Erster Samstag im August ist übrigens schlecht, wie ich gerade sehe. Da hat eine Tochter vom Steve Harris eine Schulaufführung und Papa muss mit. Könnt ihr das Festival nicht verschieben, auf sagen wir mal Mitte Oktober?

Hübner. Nein, das ist leider nicht möglich. Wir haben schon 35 Bands für den Termin gebucht.

Smallwood: Ach, da kommen noch andere Bands? Hm, das verkompliziert die Situation natürlich. Um 200.000 Pfund pro Mann, würde ich sagen. Hohoho ...

Hübner: Das Festival geht über drei Tage, da müssen noch andere Bands spielen. Das hat doch nichts mit *Iron Maiden* zu tun.

Smallwood: Aber klar. Backstage wuseln unzählige zweifelhafte Gestalten herum, das heißt, wir brauchen mehr Security. Allein schon mal sechs Mann, die das Catering bewachen. Diese Amateurbands sind immer besonders hungrig. Außerdem kommt bei solchen Veranstaltungen immer was weg. Hier mal eine Gitarrensaite, da ein Stimmgerät. Das muss ja irgendwie ausgeglichen werden.

Hübner: Aber doch nicht mit 1,2 Millionen Pfund zusätzlich. Ich meine, wir haben 50.000 *Maiden*-Freaks auf dem Platz, weltweit gute Presse ohne Ende und eure T-Shirts könnt ihr von mir aus für 50 Euro pro Stück verticken. Das ist doch auch ein Imagegewinn für euch.

Smallwood: Hohoho, Imagegewinn. Du machst den Job noch nicht lange, oder?

Hübner: Nö, noch keine 20 Jahre.

Smallwood: Merkt man. Weißt du, wie mein Steuerberater den Imagegewinn berechnet? Null plus null gleich null. Hat ja auch keiner was von. Im September war das, hast du gesagt?

Hübner: Nein, im August. Also gut, insgesamt 4,8 Millionen Pfund auf sechs Koffer verteilt, Hauptbühne, Headlinerstatus, 5-Sterne-Hotel im Hamburg, Limousinen oder wahlweise ein eigenes Flugzeug, wenn ihr das Grab vom Moshammer besuchen möchtet. Können wir auf dieser Basis weitermachen?

Smallwood: Nein, ich hab meinen Terminkalender gerade nicht da.

Hübner: Wieso, ich dachte, der Harris …

Smallwood: Ja, die Termine vom Harris stehen im Terminkalender vom Harris. Den hab ich da. Aber meiner ist im Koffer. Vielleicht hab ich ja einen Zahnarzttermin im Juli, wer weiß? Da kann ich jetzt unmöglich einen Termin in Dänemark festmachen.

Hübner: August und Deutschland! Dann hol den Kalender doch einfach wieder aus dem Koffer raus.

Smallwood: Geht nicht, steht ein paar tausend Meilen entfernt. Wenn er nicht geklaut wurde, hohoho ...

Hübner: Ach, der ist schon in Los Angeles?

Smallwood: Ne, in London. Ich bin in Los Angeles. Hatte ich vorhin verwechselt.

Hübner: Gut, wie machen wir es dann?

Smallwood: Ich ruf dich in den nächsten Tagen zurück. Die Landesvorwahl von Belgien krieg ich schon irgendwie raus. Bye.

Klack

Hübner: Ach scheiße, ich buch wieder *Wolf*. Die kriegen statt Gage ,nen Kasten Bier, und es kommt aufs Gleiche raus.

Internationale Beziehungen

Freunde der fortgesetzten Geschichtsschreibung werden wissen, dass speziell im mittelalterlichen Europa mehr grauselige Kriege geführt wurden, als *In Extremo*, *Subway To Sally* und *Schandmaul* mit ihrem Romantikkitsch rückwirkend werden zukleistern können. Hoffe ich wenigstens. Mal böllerte das ach so neutrale Schweden im Harz herum, dann standen schon wieder die Türken vor Wien und erst neulich (im Verhältnis gesehen) machte sich der Russe in Berlin breit. Und Germanien/das Heilige Römische Reich deutscher Nationen/der deutsche Nationalstaat/das Dritte Reich immer mittendrin statt nur dabei. Preußen ja sowieso.
Nach dieser ganzen Ein- und wieder Ausmarschiererei ist es also purer Zufall, dass über dem Wacken Open Air die bundesdeutsche Flagge weht und nicht etwa die dänische oder gar französische, was uns zu einem kleinen Gedankenspiel führt: Wie sähe es wohl aus, wenn unsere geliebten Nachbarn von nah und fern das Großereignis W:O:A ausrichten würden? Eine Reise in die gute alte Zeit der Klischees, als Europa nicht mehr war als ein Kontinent und eine Weltreise mindestens 80 Tage dauerte.

Italien
Statt drei Veranstalter gibt es nur einen: Silvio Berlusconi. Weil der Mann prinzipiell an allem mitverdient, was in Italien so verkauft oder geklaut wird, reißt er sich natürlich gleich das komplette W:O:A unter die gierigen Nägel, inklusive Live-Berichterstattung in seinen 27 TV-Kanälen. Der Neu-Papst, sonst ja immer mit einem flotten Kommentar zu allen Ungerechtigkeiten dieser Welt auf den zittrigen Lippen, hält sich in Sachen Italo-Connections einmal mehr auffallend zurück. Kein Wunder, schließlich hat Berlusconi vor einigen Jahren den Vatikan gekauft und bar bezahlt. Als Security-Chef verteilt Bud Spencer Kopfnüsse an aufmüpfige Stagediver, während sich Sophia „Lange her" Loren auf der WET-Stage nackig macht. Bis auf die Mumienologen von *Nile* will das aber keiner sehen, weshalb *Rhapsody* im Rahmen ihrer Headliner-Gigs (Donnerstag, Freitag und Samstag) die Mp3-Player vor einer schier unglaublichen Menschenmasse starten dürfen. Um die Dreifachansetzung

zu rechtfertigen, spielen die Herren um Gitarrero Luca „Vivaldi war gut, aber ich bin besser“ Turilli drei verschiedene Sets, was aber nicht mal der Band selbst auffällt.
Die Klos stinken genauso wie in Norddeutschland, nur hier wird die Sauerei mit „südländischem Charme“ gerechtfertigt.

Tschechei
Hui, das sind doch mal Preise. Ein Konzertticket für 30 Euro, ein Becher Bier für 80 Cent und eine willige Slawenschlampe für … Ach Mist, die sind ja alle in Ungarn und drehen Filme.
Trotzdem stellt sich die Frage, warum noch niemand vorher auf die Idee gekommen ist, das Wacken Open Air in dieses schöne Land auszulagern. Rein geographisch gesehen liegt es relativ mittig, die einheimische Küche unter Vorsitz von Dr. Alfred „Mmh“ Biolek gehört zu den gehaltvollsten der Welt und das Preisniveau ist für alle Europäer (bis auf die Polen) der reine Wahnsinn. Außerdem bekommt jeder Festivalbesucher einen Teil seiner Kosten von der EU erstattet, schließlich wird hier der Osten subventioniert. Okay, die eine oder andere Ami-Band hat vielleicht Vorbehalte, hinter dem ehemals eisernen Vorhang aufzutreten, aber wenn’s ihnen keiner verrät … Von alleine kommen die jedenfalls nie drauf, dass sie nicht mehr in Deutschland oder Österreich sind.
Und wen die indiskutabel versauten Klos nerven, der soll halt nach drüben gehen.

Norwegen
Brr, ganz schön kalt für ein Open Air. Die Black Metal-Fraktion (also 98 Prozent aller Anwesenden) lässt sich die miese Laune aber nicht verderben und bellkeift ihren Hass auf Christen, Juden, Moslems, Nachttischlampen, Kaninchenköttel, das Schlecker-Fotoland und den eigenen Kontostand in die Mitternachtssonne. Rund um den Austragungsort gibt es kein Lebewesen, das nicht mit amtlichem Corpsepaint unterwegs ist. Selbst der Köter vom örtlichen Eisblumenhändler glotzt schwarz-weiß durch die Gegend. Gerüchten zufolge soll es sich bei dem Vierbeiner um den nun arbeitslosen Frontkläffer Legion von *Marduk* handeln, aber bestätigen kann das niemand.

So ist das im Land der Trolle, Seemonster und Wikinger-Zombies. Mythen in Tüten für alle und auf dem Gelände für rund 35 Norwegische Kronen erhältlich. Nicht erhältlich sind T-Shirts mit Festivalaufdruck, für die drei Tage, in denen man hier ärmellos durch die Gegend stapfen kann, lohnt das nicht. Dafür gibt es schicke Pudelmützen, Schals und lange Unterhosen, wahlweise mit umgedrehten Kreuzen (allover) oder brennenden Kirchen (gestickt).
Das Klo-Problem ist hier weitgehend unbekannt, denn der Kot friert binnen Sekunden fest und kann problemlos in kleine Stückchen gebrochen werden. Das ist der so genannte „Toblerone-Effekt", also Augen auf beim Schokoladenverzehr!

Frankreich
Endlich mal keine Schlangen vorm Einlass. Da die gesamte Metal-Szene in Frankreich nicht mehr als 300 Leute umfasst, braucht auch keiner nach Bier anzustehen, und wer vor der Bühne jemanden anrempeln will, muss schon sehr genau zielen.
Die Franzmänner – für ihren Eigensinn bekannt – haben selbstverständlich nur einheimische Bands verpflichtet. Als da wären: *Eternal Flight, Manigance*, *Adagio* (zumindest teilweise französisch) und als Headliner die große Reunion von *Trust*.
Für so ein Billing lohnt sich nicht mal das Zeltaufbauen, was wiederum dem optischen Erscheinungsbild der Klos entgegenkommt. Aber: Selten haben blitzsaubere Toiletten so trostlos gewirkt.

Ukraine
Die beiden Veranstalter Wiktor Dingsko und Wiktor Quatschwytsch versuchen (wie jedes Jahr) sich gegenseitig mit verdorbenen Tütensuppen zu vergiften, um den Festivalgewinn alleine einzustreichen. Klappt aber (wie jedes Jahr) nicht wirklich, weil es in der Ukraine ja „nichts" gibt. Nicht mal ordentliches Rattengift. Davon hat Väterchen Putin aus dem schönen Russland sicherlich mehr als genug auf Lager, aber das ist ein anderes Thema. Die beiden Wiktors, vom Bangervolk ob der Vergiftungsspuren im Gesicht liebevoll Kraterfresse 1 und 2 getauft, versuchen trotzdem ihr möglichstes, um ein vernünftiges Billing auf die Beine zu stellen.

Apropos Beine: Weil es in der Ukraine weder Autos noch Züge und schon gar keine Flugzeuge gibt, können nur Bands eingeladen werden, die das Gelände (rund 350 Kilometer östlich von Kiew gelegen) zu Fuß erreichen. Das schränkt die Auswahl natürlich ein Stück weit ein. Die Fans nehmen es mit Humor und hauen sich zu dem Sound von westrussischen Demokapellen die Köppe ein.
Die Klos stinken noch schlimmer als in Norddeutschland, aber wenn erstmal Beitrittsverhandlungen mit der EU beginnen, wird alles besser.

USA
George W.(O.A.) Bush persönlich hat die Schirmherrschaft übernommen und freut sich, Gäste aus aller Welt begrüßen zu dürfen. Natürlich erst, nachdem jeder Nichtamerikaner eine rund neunstündige Kontrolle am Flughafen von Dallas durchlaufen hat. Manchmal geht es aber auch etwas schneller. „So, Sie kommen aus der Türkei und wollen in unserem schönen freien Land ein Heavy Metal-Festival besuchen. Warten Sie, da muss ich mal nachschlagen. Oh, hier steht, dass die Türkei muslimisch und Heavy Metal die Musik des Teufels ist. Sie sind demnach ein satanischer Moslem und dürfen nicht einreisen. Nein, nach Hause dürfen Sie auch nicht, Sie werden umgehend von einer unserer Fachkräfte erschossen. Einen schönen Aufenthalt…“
Die, die doch durchkommen, blicken entgeistert auf die Running Order: *Korn*, *Slipknot*, *Linkin Park*, die *Red Hot Chili Peppers*, *Eminem*, *Ice Cube*, *Snoop Dogg*, *Crazy Town* und *Velvet Revolver*, dazu eine eigene Metalcore-Bühne und T-Shirt-Preise um die 70 Dollar. Für fast geschenkte 25 Dollar gibt es ein signiertes Foto von Sharon Osbournes Lieblingshund, der zudem persönlich anwesend ist. Statt Bier wird amerikanisches Budweiser ausgeschenkt, und wer einen Patronengurt umgelegt hat, bekommt vom FBI (so nennt sich die Security hier) einen Gratisaufenthalt in Keinerweißwoundwielange spendiert.
Das Festival als solches wird nicht von einer Band, sondern von einem Prediger eröffnet, der in seiner rund dreistündigen Ansprache Satan die Schuld an allem gibt, was in dieser Welt daneben geht. Die anschließend auftretenden *Dimmu Borgir* werden vom wütenden Mob konsequenterweise gesteinigt.

Auf den Klos sieht es aus wie immer, nur dass in den Kothaufen ganze Büffelschädel stecken, was am heimischen Barbecue liegen könnte. Wenigstens ein Punkt auf der nach oben offenen True-Skala.

Israel/Palästina

Quasi ähnlich wie in den USA, nur dass der Check bei der Einreise pro Person durchschnittlich zwölf Stunden dauert und satanisch-muslimische Besucher bereits beim Anflug per Boden-Luft-Rakete über ihren aktuellen Rang in der Beliebtheitsskala der lokalen Behörden informiert werden.
Als Veranstaltungsort bestimmt die Regierung das kleine Städtchen Dschulis in Westgaliläa, was wiederum die Palästinenser erzürnt, die nur einen Steinwurf beziehungsweise Hubschrauberangriff entfernt wohnen und natürlich keinen Zutritt zum Festivalgelände haben. Als Reaktion stampfen die notorischen Schalträger das Gegen-Festival „Nur Lullis spielen in Dschulis“ aus dem Boden, die israelische Armee stampft es binnen weniger Minuten jedoch genau dorthin zurück.
Da waren die Kollegen aus Hamburg mit ihrem „Nur Spacken spielen in Wacken“ anno 1996 etwas erfolgreicher, wenn auch ungleich alberner. Aufgrund der hohen Sicherheitsstufe will in Dschulis allerdings keine Stimmung aufkommen, auch die beiden Selbstmordattentäter, die sämtliche Barrieren durchbrechen und sich auf der Mainstage in die Luft jagen, sorgen nur für kurze Erheiterung. Solche Pyroeffekte sieht man bei den Freiluftfestspielen von Bagdad alle zwei Minuten. Die gerade spielenden *Mayhem* (hier natürlich von aufgespießten Schafsköpfen umringt) lassen sich deshalb auch gar nicht aus der Ruhe bringen und schwenken weiter ihre blutbefleckten Instrumente mit umgedrehten Davidsternen drauf.
Na ja, zumindest sind die Klos koscher.

Volksrepublik China

Boah, was ist denn hier los? Mit rund 12,9 Millionen Fans verzeichnet das Peking Open Air den absoluten Besucherrekord. Okay, die kommunistische Regierung hat eben jenen 12,9 Millionen das Erscheinen befohlen und so ganz sicher kann man sich bei den Angaben auch nicht sein. Der Kommunist frisiert sein Zahlenwerk ja gerne mal, außerdem sehen die da drüben eh alle gleich aus.

Und dann dieses eingemeißelte Dauergrinsen, die ewigen Verbeugungen und der sonderbare Fraß. Pandaleber süß-sauer schön und gut, aber 'ne Portion Pommes mit Majo würde es zum Frühstück ja auch mal tun.
Nichtsdestotrotz ist die Stimmung prima. Immer wenn der lokale Parteivorsitzende – der von einer klimatisierten Loge aus das Geschehen beobachtet – klatscht, klatschen die 12,9 Millionen ebenfalls. Wie weiland in Leipzig bei der HJ (Honecker Jugend), nur noch synchronisierter und ohne diesen furchtbaren sächsischen Dialekt, der auch aus einer wunderschönen Frau ein nicht zu verwertendes Gen-Bündel macht.
Anders im Land der kultivierten Schlitzaugen, hier wird Mandarin nicht gepellt, sondern gesprochen. Aufgrund der rund 50.000 Schriftzeichen ist es für den mitteleuropäischen Headbanger aber nicht ganz so einfach, sich binnen weniger Tage in die Landessprache einzufuchsen. Ein Schild mit der Aufschrift „Hier bitte nicht campen, das Gelände ist aufgrund von Raketentests radioaktiv verseucht, da wir demnächst Japan und/oder Taiwan überfallen und schon mal ein bisschen üben mussten" wird da schnell übersehen.
Und was die Klos angeht: Folgen wir dem großen chinesischen Philosophen Laotse, der sagte: „Wunschlosigkeit führt zu innerer Ruhe." Oder direkt in die Sklaverei, aber das darf man hier ja nicht laut sagen.

Australien
Scheiß Bahnverbindung (von Deutschland aus gesehen), Scheiß Sonne, Scheiß Land. Dass die Nummer hier nicht funktioniert, hätte eigentlich jedem vorher klar sein müssen. Aber bitte, als Weltbürger lässt man ja nichts unversucht.
Irgendwo zwischen Perth und Darwin liegt die Gibsonwüste, in der entgegen aller Annahmen aber auch nur Sand und keine Gitarren herumliegen. Von elektrischen Anschlüssen für selbige gar nicht zu reden. *Rose Tattoo* spielen ihrem Alter entsprechend ein sülzödes Akustikkonzert, *Pegazus* reformieren sich unter Ausschluss einer irgendwie interessierten Öffentlichkeit und *AC/DC* waren wie immer zu teuer. Bleibt nur Sandburgen bauen, zwei Bier (Foster's) trinken und aufgrund der direkten Ozoneinwirkung ins Koma fallen. Okay, viel mehr machen die meisten Wacken-Besucher auch in Norddeutschland nicht, nur dass im kühlen Schleswig-Holstein geschätzte 98 zusätzliche

Biere (Hasseröder) für den gleichen Effekt nötig sind. Eine Einsparung, die von den Reisekosten aber wieder aufgefressen wird. Dafür wird man schön braun und in Sachen Klos gibt es hier draußen endlich mal keine Probleme. Einfach ein Loch in den Sand buddeln, reinjauchen, zubuddeln, fertig. Und mal im Ernst, wer sich einmal im Leben den Hintern mit einem frisch gebeizten Kängurufell abgeputzt hat, kann auf ordinäres Toilettenpapier verzichten.

Auf der Suche nach den Wurzeln – Ein Abend im Reich der lebenden Toten

Neulich im Januar, nachmittags um viertel vor vier. Bei mir zu Hause klingelt das Telefon. Das ist nicht ungewöhnlich, denn um diese Zeit beenden meine arbeitslosen Kumpels meistens ihre Nachtruhe und fangen an, sich zu langweilen. „Playstation spielen, wenn es draußen noch hell ist, finde ich irgendwie asozial", sagt mein Genus-Genosse Bernie immer, wenn er mich um diese Uhrzeit von der Arbeit abhält. Und auch wenn ich ihn nicht wirklich verstehe, schließlich findet er es offenbar nicht asozial, morgens um vier in einen Straßenbahnwagon zu pinkeln, so habe ich mich zumindest daran gewöhnt.
Am anderen Ende meldet sich an diesem Tag jedoch kein ausgeschlafener Exhibitionist, sondern mein Onkel Harry. „Hallo Neffe, alles bereit für nachher?", brummt es aus dem Hörer. „Öh, prinzipiell schon", antworte ich verdutzt und verkneife mir die dringend notwendige Frage, wofür ich denn bereit sein und was dieser Anruf überhaupt soll. Dazu muss man wissen, dass mein Onkel Harry und ich uns zwar gut verstehen und auch kaum 20 Kilometer entfernt voneinander wohnen, außerhalb von familiären Festivitäten in der Regel aber keinerlei Kontakte pflegen. „Okay, in zwei Stunden vor der Stadthalle. Karten hab ich", orakelt Onkel Harry und legt auf.
Nun ist Tach in der Nachtmütze im Hause Burgwächter. Wo und wann habe ich den Mann zuletzt gesehen und zu was habe ich mich mit ihm verabredet? Die Antworten auf diese Fragen gluckern so langsam durch mein Hirn, wie Kaffee durch einen aromaporigen Filter in eine Kanne tropft. Plupp. Erster Weihnachtsfeiertag. Plupp. Familienessen im Gasthaus Zur feuchten Ecke. Plupp. Nach dem Dessert gibt es Jägermeister und Fernet Branca. Plupp. Onkel Harry meint, Anfang Januar sei in der Stadthalle doch dieses dufte Oldie-Festival mit *Suzi Quatro*, *Sweet*, der *Rolling Stones Revival Band* und acht weiteren Combos. Plupp. Ich als Heavy Metal-Fan oder wie das heißt könne doch mitgehen. Wurzeln kennen lernen und so. Plupp. Mein Mund öffnet sich. Bestelle noch 'nen Jägermeister und sage dann sowas wie: „Hm, könnte ich mal machen." Plupp…

Au scheiße. Nichts gegen eine kleine Expedition ins Reich unserer antiken Vorväter. Gigs von *Deep Purple*, *Led Zeppelin*, *Black Sabbath*, *Uriah Heep* oder vielmehr denen, die sich rechtzeitig die Namensrechte sichern konnten, lassen sich mit der Besichtigung einer Burgruine vergleichen. Der Putz ist ab, es zieht wie Hechtsuppe und dort, wo einst der Königsthron stand, kacken heute die Kaninchen hin. Unter historischen Aspekten kann das allerdings durchaus interessant sein.
Aber *Sweet* und Heavy Metal? Man besichtigt doch wohl immer noch Burgruinen und nicht die Überbleibsel der Gesindelatrinen. Unter mehrfachem Ausstoß des Satzes: „Ich bin doch noch zu jung zum Sterben" mache ich mich schließlich auf den Weg zur Halle und treffe gerade am Hauptportal ein, als sich Onkel Harry in Sichtweite aus dem Bus wuchtet. Seine nilpferdähnliche Figur wird von einem Hauch aus Lederjacke umspannt. Die graue Autofahrerhose mit dem elastischen Bündchen und die Birkenstocklatschen sitzen zwar besser, retten das Gesamtbild aber nicht entscheidend.
„Heute wird gerockt", sagt Onkel Harry und betritt die Halle. „Jawoll ja", sage ich und schleiche hinterher. Im Foyer warten diverse Überraschungen auf mich.
Erstens: Es sind noch andere Menschen da.
Zweitens: Die Autofahrerhose scheint unter den Rockern von vorgestern ein weithin akzeptiertes Kleidungsstück zu sein. Warum auch nicht, lässt sie der Bierkugel vorn doch genügend Bewegungsfreiheit und erweist sich selbst bei weiterer Zuladung als spannungsfrei. Dass auch die etwas weiter unten angebrachte Kugel samt Kimme auf der rückwärtigen Seite immer mal wieder listig über das Bündchen lugt, scheint hier niemanden zu stören.
Drittens: Die Menschen, die keine Autofahrerhosen, keine Slipper mit weißen Socken oder Birkenstockschlappen tragen, sind Frauen. Bis knapp über die Kniescheibe (von unten nach oben betrachtet) geht das meist noch in Ordnung, aber spätestens dann beginnt der Eintritt in das optische Sperrgebiet. Wie auflackiert sitzende Leggins wurden meiner bescheidenen Meinung nach mal als Gymnastikhosen konzipiert und können meinethalben auch für den gemütlichen Fernsehabend auf der Couch genutzt werden. Wer sie aber vorsätzlich an öffentlichen Plätzen zur Schau stellt, muss mit Kritik rechnen. Von den seekuhartigen

Oberschenkeln möchte ich hier gar nicht anfangen, viel schlimmer ist, dass die meisten der an diesem Abend anwesenden Damen von ihren Männern zu Weihnachten offensichtlich keine Unterwäsche geschenkt bekommen haben und genau diese auch tragen. Open the gates of hell.
Etwas weiter drüber fehlt es sogar gänzlich an Stoff, aus der knittrigen, sonnenbankgetönten Hautmasse schreit hier und da ein Bauchnabelpiercing verzweifelt um Hilfe. Wieder eine Etage darüber befinden sich – von viel zu wenig Leder umzäunt – die Hängenden Gärten von Babylon, inklusive zweier Gebüsche in Achselhöhe. Noch etwas weiter nördlich blickt man direkt in die fiese Fratze des Rock 'n' Roll. Dort wo Männer Bärte haben, steht Frauen die Wahrheit ins Gesicht geschrieben. 25 Jahre „Kleiner Feigling" im Akkord, da hilft kein Make up dieser Welt, sondern höchstens noch eine Schönheits-OP mit dem Sandstrahler von Doktor Kärcher.
Und dann nochmal ganz von vorne. Die Nase lässt sich mit etwas Knetmasse nachbilden, heutzutage alles kein Problem mehr. Gerade als ich überlege, ob manch immer noch so genannte Metal Queen wohl ähnlich aussieht, wenn sie nach dem Auftritt aus der Dusche kommt, erreichen wir den Saal. Auf der Bühne steht ein Mann und singt einen Song zum Playback. Onkel Harry hat ein Bier in der Hand, steckt sich 'ne filterlose Fluppe in den Mund und nickt andächtig mit dem Kopf.
Nach kurzer Akklimatisierung – wir stehen sehr weit hinten und der Sound ist nicht lauter als ein plätscherndes Gebirgsbächlein – erkenne auch ich das Stück wieder. Nicht dem Titel nach, sondern rein akustisch. Dieser Song läuft manchmal im Hintergrund, wenn obskure Firmen via Fernsehen versuchen, ihre CD-Boxsets an den nostalgisch veranlagten Kunden zu verhökern.
„Hey, das ist das Nicht im Handel erhältlich-Lied", sage ich zu Onkel Harry, aber der ist mental verreist. Nach 1969, als die Welt noch in Ordnung war. Und da es mich zu diesem Zeitpunkt noch nicht gab, ist es nur konsequent, dass er mich ignoriert. So kann ich mich denn auch viel besser auf die dargebotenen Gesangseinlagen konzentrieren, die die nächsten Künstler so von sich geben. Wie einst Hui Buh auf meinen guten alten Hörspielkassetten taucht alle zehn Minuten ein neues Chartgespenst aus dem Bühnennebel auf. Umbaupausen gibt es nicht, warum auch? So ein DAT-Tape ist schnell gewechselt, und hat es einer

der Chart-Veteranen erstmal bis ins Scheinwerferlicht geschafft, erklingt sogleich eine neue Zombie-Hymne.
Nach einer halben Stunde ist klar: Hier werden ausschließlich Lieder gespielt, die sich in drei Kategorien einteilen lassen. Kenn ich aus der CD-Boxset-Werbung. Kenn ich aus irgendeiner anderen Werbung für Handys, Salatsoße oder WC-Reiniger. Kenn ich als Coverversion von irgendeinem anderen Trümmerhaufen. Toll, so viele alte Bekannte für nur 56 Euro.
Apropos, Onkel Harry hat derweil einen Kumpel namens Walter getroffen, und die beiden schlucken mehr Bier in der Minute, als mein Auto Benzin auf hundert Kilometer. Dies bleibt allerdings nicht ohne Folgen, schließlich kann auch ein Organ wie die Leber auf die Uhr gucken und sehen, dass es schon viertel nach 1969 ist. So kommt es, dass Walter im Suff eine Packung Fluppen fallen lässt und sich danach bückt. Diese Bewegung kommt für seine Autofahrerhose überraschend, weshalb das Kleidungsstück der ihm angetragenen Verhüllungsaufgabe nicht mehr nachkommen kann. Ich lausche gerade einem unglaublich miesen Mick Jagger-Double, als schräg unten links von mir plötzlich der Vollmond aufgeht. Walter tastet immer noch nach seinen Rauchwaren, während sich sein Hinterteil weiter entblößt. Pi mal Daumen dürfte das ein Schlitz von gut sechzig Zentimetern sein. Ich bedauere in diesem Moment inständig, dass ich mein Fahrrad nicht dabeihabe, wo mich doch jetzt so ein schöner Fahrradständer anlächelt.
Bevor es noch peinlicher wird, verziehe ich mich in Richtung Toilette. Auf dem Weg dorthin entdecke ich, dass in den zahlreichen Gängen der Halle Fernseher aufgebaut sind, die Videoclips oder Livemitschnitte zeigen. Natürlich tobt sich auch hier ausschließlich die Seniorenriege des Rock 'n' Roll aus, aber es werden zumindest nur solche Bands und Interpreten gezeigt, die am heutigen Abend nicht vor Ort dabei sein können. Die meisten sind, das sehe ich auf einen Blick, wegen akutem mehrjährigen Herzstillstand verhindert.

Endlich auf dem Klo angekommen trifft mich fast der Schlag. Von wegen, im Alter wird man gesitteter. Zwischen Bierleichen, Bierbechern und Zigarettenqualm suche ich die Lücke an der Pinkelrinne. Ganz hinten kippt gerade jemand um und so steige ich vorsichtig über den gefallenen Kameraden hinweg und ins Geschäft ein.
Während dieses befreienden Vorgangs befällt mich etwas, was der Duden als Déjà-vu-Erlebnis bezeichnet. Der Uringestank, das dumpfe Wummern der Musik im Hintergrund, das Gefasel der besoffenen Idioten neben mir. War ich etwa schon mal bei so einem Oldie-Konzert? Nein, ganz sicher nicht.
Doch bevor ich mir das Hirn zermartern kann, wechseln links und rechts meine Pinkelrinnennachbarn. „War doch ganz gut bisher“, sagt einer der neuen über meinen Kopf hinweg. „Jau, aber jetzt geht's erst richtig los. *Suzi Quatro* und *Sweet*. Das wird geil”, antwortet der andere an meinem Bauch vorbei. Zweimal surrt der Hosenschlitz und weg sind sie wieder.
War ich da eben einer optischen Täuschung erlegen oder hatten die wirklich T-Shirts von *Iron Maiden* an? Ich haste hinterher und sehe sie gerade noch in der Menge verschwinden. Ja, kein Zweifel, zwei echte Metalheads mit Matte und allem, was dazugehört. Kopfschüttelnd folge ich ihnen. Haben auch sie einen altrockenden Onkel, der sie an diesen düsteren Ort verschleppt hat? Dem Gespräch nach zu urteilen nicht, das klang eher so, als wären sie freiwillig hier.
Doch bevor ich meine beiden Brüder im Geiste erreiche, erlischt das Hallenlicht und eine echte Band betritt die Bühne. So mit Musikern, Instrumenten und allem, was dazu gehört. Oho, sollte der Abend vielleicht doch noch eine erfreuliche Wendung nehmen? Nein, denn schon stolziert *Suzi Quatro* ins grelle Licht der Scheinwerfer, mit fast nichts am Leib außer ihrem beträchtlichen Alter. Das Reich der lebenden Toten erwacht juchzend, schreiend und brüllend zum Leben. Ob der plötzlich auftretende Modergeruch von dem bassspielenden Ex-Sternchen auf der Bühne ausgeht oder zu den drei weit über das Mindesthaltbarkeitsdatum hinaus aufbewahrten Dame neben mir gehört, lässt sich nicht abschließend klären. Auf jeden Fall trägt das Schwestern von Gestern-Trio in stiller Übereinkunft das gleiche Tour-Shirt von Frau Quatro. „Naked Under Leather“ steht drauf. Boah, ist mir schlecht.

Hätte in dieser Sekunde nicht der Boden unter meinen Füßen zu beben begonnen, ich hätte das Nackensteak vom Mittagessen wohl nicht wieder mit nach Hause genommen. So aber stellt sich mir eine neues Problem: Seit wann gibt es Erdbeben in Niedersachsen? Und Lawinen? Von rechts schiebt sich nämlich eine solche in mein Blickfeld. Ach nein, es sind nur Onkel Harry und sein Kumpel Walter, die Arm in Arm zum Überhit „Can The Can" durchs Auditorium rumpeln. Ich springe auf die fleischgewordene Kanonenkugel und reite ein wenig mit auf der Welle der seligen Erinnerung, doch schon bald wird die Lawine langsamer und schließlich bleibt sie stehen. Suzi ist fertig und ich bin es auch.
Endet diese Fetenhits für den Zentralfriedhof-Veranstaltung denn nie? Scheint so, denn nun gilt es noch *Sweet* zu ertragen. Die englischen Glam-Rocker nehme ich wie durch einen Schleier wahr. Spielt da wirklich ein Exemplar der extrem seltenen, südafrikanischen Dickbauchkröte Gitarre oder trägt Andy Scott nur einen grünen Bademantel? Auch schon egal, „Ballroom Blitz" verhallt und der Spuk ist endgültig vorbei.
Während Walter nach eigenen Angaben backstage die Quatro klarmacht, schiebe ich Onkel Harry zum Ausgang. Mit Mühe kann ich ihn davon abhalten, die knapp 17-jährige Bedienung vom Getränkestand anzubaggern, denn ich glaube, meine Tante wäre von so einem Mitbringsel nicht übermäßig begeistert. „Das war doch mal echter Rock 'n' Roll", lallt mir mein dicker Verwandter ins Ohr und verschwindet grußlos in Richtung Bushaltestelle.
Kopfschüttelnd blicke ich ihm nach. Das kann doch wohl alles nicht wirklich passiert sein. Ein Haufen abgehalfterter Spinner, von denen jeder einzelne aussieht, als wäre er einem Katalog für Faschingskostüme entsprungen, spielt Melodien, die heutzutage ungefähr so relevant sind, wie Michael Schanze für die TV-Programmplaner. Und das alles vor einem Publikum, das nur auf den einen Song wartet, dann kollektiv ausklinkt und sich bis zum nächsten Superhit mit dem Rücken zur Bühne die Kante gibt. Eh schon kaum getätigte Ansagen wie: „Jetzt spielen wir einen Song von unserem neuen Album" werden, wenn sie nicht gänzlich im Stimmgewirr untergehen, mit Buh-Rufen quittiert. Wie entwürdigend.

Erleichtert, dieses Geriatrie-Gemetzel überlebt zu haben, mache ich mich auf den Weg zum Auto, als mein Handy klingelt. Bevor Bernie den Mund aufmachen kann, höre ich schon seine Playstation im Hintergrund. „Ey, ich hab gerade im Internet gelesen, wer dieses Jahr auf dem Wacken Open Air den Headliner macht: *Iron Maiden*. Und jetzt halt dich fest, die spielen nur Songs von „The Number Of The Beast“ und „Piece Of Mind“. Hab online gleich zwei Karten bestellt.“ „Klasse“, antworte ich, steige in meinen Wagen und pfeife die Melodie von „Run To The Hills“. Die Vorfreude auf das in Aussicht stehende Konzert trägt mich durch die Nacht und daran kann auch das plötzlich wieder auftretende Déjà-vu-Gefühl nichts ändern.

Jan-Oidium.com
Multimedia Produktionen
ROOM
Composed and visualized by JAN-OIDIUM.COM
Release: Late summer 2006
MULTIMEDIA MUSICAL
STAGE
COMIC
CD
DVD
With the voice of GERD KORNMANN
With ARJEN LUCASSEN (Ayreon) on triangle!!!
HANS-DER-VOGEL (Baum) on piano!!
Jan-Oidium.com - Ihr kreativer Design-Dienstleister

Oidium-Verlag.de

Oidium Verlags GmbH

Jan-Oidium.com

www.oidium-verlag.de, Bestellhotline: 030 44 35 24 80 Mail: office@oidium-comics.de

ISBN: 3-939106-00-3
9,90 Euro

Teiser-Album mit Shirt

ISBN: 3-9809697-6-2
18,90,- Euro

Teiser (88-Seiten-Comicalbum + Hörspiel-CD)

Die Figuren aus den "Fire & Steel"-Comics erobern den Alltag. In einem einzigen, unglaublichen Comicalbum mit ganzen drei kompletten Abenteuern auf 88 Comicseiten und einem weiteren vierten Bonusabenteuer als Hörspiel auf CD stellen sich Teiser und sein Scherge Beppo Thunderforce der Welt.
Neben alten Bekannten wie Igel, Wurm und natürlich Hans dem Vogel, gesellt sich auch Oggi der Hühner-Schamane zum bunten Treiben auf Schloss Teis und macht die Gruppe von Freunden komplett.

1: Kuba
Teiser beschließt, um die Welt zu touren. Dabei trinkt er mal eben den Ozean leer und legt sich verherend mit der UNESCO und dem Weltkulturerbe an.

2: Kauf bei Teisers
Teiser eröffnet einen Supermarkt, lockt mit ungewöhnlichen Methoden Kundschaft und treibt die Belegschaft in den Wahnsinn.

3: Poesie
Teiser sucht nach neuen Ideen und begibt sich mit Hans dem Vogel auf eine Reise durch die Welt der Dichtung.

EXTRA: Bonus-Hörspiel: Planet King Live at Castle Oitiontise
Das erste Heavy-Metal-Hörspiel der Welt. Teiser und Beppo Thunderforce stellen sich den Machenschaften des Blackmetal-Fürsten Dark Even McBaron. Mit Musik der Band PLANET KING und Sänger Martin Kesici.

Überall, wo es Bücher gibt und auf Oidium-Verlag.de

ISBN: 3-9809697-2-X
6,- Euro

Fire & Steel Sammleredition

Alle vier "Fire & Steel"-Comics (insgesamt 128 Seiten voll in Farbe) zum sagenhaften Preis. Durchgedrehte Abenteuer mit dem Wacken Open Air, Biff Byford (Saxon), Arjen Lucassen (Ayreon, Star One) und natürlich dem allen überlegenen Teiser Oitiontiser und seinem Schergen Beppo Thunderforce.

Fire & Steel Sammleredition mit Shirt

ISBN: 3-9809697-8-9
15,- Euro

Best.-Nr.:1025
10,- Euro

Fire & Steel T-Shirt

Hochqualitatives, 10 farbiges T-Shirt zum Comic (front+back). Erhältlich in L, XL und XXL.

Einmal ALLES, bitte !!!

Das Teiser-Album mit extra Hörspiel-CD, mit allen vier "Fire & Steel"-Ausgaben und dem "Fire & Steel"-T-Shirt zum super Sammler-Sonderpreis. Insgesamt 216 Seiten Comicspaß. **Nur so lange der Vorrat reicht!**

ISBN: 3-9809697-9-7
22,90,- Euro

oidium-verlag.de

Oidium Verlags GmbH

oidium-verlag.de

www.oidium-verlag.de, Fon: 0049 (0)30 44 35 24 80 Mail: office@oidium-comics.de

NEU! März 2006

Sheree Hesse
Lecker, lecker Metalküche

Das Metalkochbuch der Wacken Veranstalterin birgt neben metallischen Gaumenfreuden ein Extrakapitel mit der original SAXON Tourküche. Dem Buch liegt zudem eine CD-Rom bei, auf der das Werk in digitaler Form nebst zusätzlichem Fotomaterial enthalten ist.

ISBN: 3-9809697-4-6
12,00 Euro

112 Seiten mit z.T. farbigen Abbildungen, DIN A5 XL-Taschenbuch mit extra CD im Umschlag

Till Burgwächter & Jan Oidium
Die Wahrheit über Wacken

Im Mittelpunkt der Neuauflage steht ein Nachschlagewerk, das sich von A wie Acker bis Z wie Zoll satirisch mit dem Wacken-Universum auseinandersetzt. Nicht nur für Fans ein riesen Spass!

ISBN: 3-9809697-5-4
9,90 Euro

Ca. 128 Seiten, DIN A5 XL-Taschenbuch, s/w, mit zahlreichen Illustrationen von Jan Oidium

Jan Oidium
Die offizielle History über 15 Jahre Wacken Open Air

Die History beschreibt in vier Kapiteln die komplette Geschichte des Festivals aus Sicht der Veranstalter, der Bands und der Fans. Im letzten Kapitel findet sich eine umfassende Fotodokumentation.
ISBN: 3-9809697-0-3 (deutsch)
ISBN: 3-9809697-1-1 (englisch)
19,99 Euro

128 Seiten, großformatiges Album (ca. 30 cm hoch), im Festeinband und in Farbe, mit zahlreichen Abbildungen

Till Burwächter & Jan Oidium

Die Wahrheit über Fußball!

Der zweite Band der Reihe 'Die Wahrheit...' erscheint zur Fußball-WM und klärt in aller satirischer Ausführlichkeit über den Lieblingssport der Deutschen auf. Autor und Comiczeichner laufen nach ihrem Debüt gemeinsam zur Höchstform auf und präsentieren ein aufwendig gestaltetes Buch, was in keiner Halbzeitpause fehlen darf.

ISBN: 3-939106-01-1
9,90 Euro

Über 130 Seiten im DIN A5 XL-Taschenbuch, s/w, mit zahlreichen Illustrationen von Jan Oidium

Überall, wo es Bücher gibt und auf oidium-verlag.de

Heimdall & Loki, das T-Shirt

Siebdruck in Spitzen-Qualität auf solidem 165 g/m² Qualitäts-T-Shirt! Heimdall & Loki, die beiden Metal Cartoonfiguren, treten als Gaststars im Teiser Comic auf und erscheinen als eigenständige Cartoonserie regelmäßig im Legacy Magazin.

Bestellnummern:
M = 1033
L = 1034
XL = 1035
XXL = 1036

Besucht unseren Onlineshop auf www.oidium-verlag.de!

Dort erwarten Euch weitere tolle Angebote.

LEGACY

für nur 12,00 €